Não subestime a capacidade de uma mulher

Erineide Barroso

DEDICATÓRIA

"Quero dedicar este livro às pessoas que foram fundamentais em minha jornada de vida. Em especial, dedico aos meus filhos Nelson Ricardo Barroso, Antônio Barroso, Erica Patrícia Barroso e Ilton Leitão Filho. Dedico também à minha saudosa sogra, Francesca Adelina Leitão, à minha saudosa cunhada, Edineia Leitão, e às minhas saudosas irmãs, Izolda Barroso, Valderiza Barroso e minha mãe Maria Estela Barroso. Suas vidas foram fontes de inspiração e amor que continuam a iluminar o meu caminho. Este livro é para vocês, com todo o meu carinho e gratidão."

CAPÍTULO 01

Tudo tem um começo

Ter um nome é como carregar uma etiqueta que diz um pouco sobre você, mas nunca toda a história. Meu nome é Erineide Barroso Leitão. Por trás desse nome cheio de sílabas, sou alguém que escolheu navegar por mares diversos. Sou graduada em gestão hospitalar e pós-graduada em vigilância sanitária. Um currículo desses poderia soar meio formal, até meio pesado, mas a vida real é bem mais colorida do que os diplomas na parede.

Hoje sou gestora, coordenadora e proprietária de uma empresa. Mas, calma lá, antes que pensem que estou me gabando, vou esclarecer: nossa empresa é especializada em cursos profissionalizantes na área da beleza. Isso mesmo, beleza! Porque, no fim do dia, todo mundo merece se sentir bonito e bem cuidado. E, além de tudo isso, também sou palestrante. Sim, sou aquela pessoa que sobe no palco para falar e, com sorte, inspirar alguém a buscar algo mais na vida.

A verdade é que títulos e nomes são só parte da

história. O que importa mesmo é o que fazemos com eles, como tocamos a vida dos outros e o quanto conseguimos nos divertir no processo. Afinal, um nome pode soar sério, mas a vida é um *mix* de sorrisos, desafios e, claro, uma boa dose de ironia. Porque, no fim das contas, todos estamos apenas tentando descobrir como viver bem e fazer o melhor que podemos com o que temos.

Eu nasci numa família bem humilde, do tipo que enfrenta de tudo com humor e coragem. Minha mãe teve 12 filhos, incluindo dois partos de gêmeos. Eu sou uma das gêmeas, e se você acha que ser gêmea é confuso, imagine ser gêmea com alguém que você acha que é a minha cara. Poema, a minha irmã gêmea. Quando nasci, já cheguei acompanhada, minha irmã ali do meu lado, não éramos nem tão feias e nem tão lindas, nascemos de parto normal, quer dizer, dor e choro, e por fim chegamos ao mundo, crescemos e nos separamos, e logo eu percebi, quão diferente somos.

Meu pai, seu Antônio Militão, sempre com um sorriso no rosto. Minha mãe, Maria Estela, era a própria animação em pessoa. Falava alto, falava muito, e falava bem. Ela tinha uma energia contagiante que nunca deixou a casa silenciosa. Lembro bem desses tempos. Minha primeira escola ficava a dois quarteirões de casa, e eu ia todo dia de manhã com a minha irmã gêmea. Minha avó nos arrumava, já que minha mãe trabalhava.

Quando completei seis anos, a vida deu uma guinada brusca. Meu pai foi acometido por glaucoma e ficou cego. A partir daí, minha irmã e eu nos tornamos suas cuidadoras. Fazíamos tudo direitinho, lavávamos, cuidávamos, e passávamos o dia ao lado dele. Nossa rotina incluía ir para a escola de manhã, enquanto minha mãe trabalhava, e quando chegava, ia cuidar dos dois irmãos mais novos que ficavam em casa. As irmãs mais velhas já tinham casado, então éramos quatro filhos em casa: eu, minha irmã gêmea e os dois mais novos.

Além do glaucoma, meu pai teve um AVC, o que o deixou acamado. Mas ele nunca perdeu o espírito. Ficava na cama contando histórias para nós. A gente se deitava ao redor dele, escutando cada palavra. No final das histórias, ele chamava nossos nomes um por um, só para ver quem ainda estava acordado. Muitas vezes eu estava, mas ficava quietinha, só para ele poder descansar tranquilo. Na escola, eu era bem calada. E, claro, isso fazia de mim alvo das brincadeiras de mau gosto dos outros alunos. Mas minha irmã, Eridan, sempre me defendia. Ela estava lá, nas salas de aula, protegendo-me das piadas cruéis. E, até hoje, ela continua sendo minha defensora incansável. A infância foi uma mistura de desafios e ternura. Entre o cuidado com meu pai e as histórias que ele contava, a vida ensinou cedo que, mesmo nas situações mais difíceis, a gente pode encontrar motivos para sorrir e seguir em frente. E é essa força que carrego comigo até hoje.

CAPÍTULO 02

Lar

Minha casa era uma daquelas bem simples, com um piso rosa e preto que parecia uma escolha meio aleatória, mas que tinha seu charme. Na frente, tinha uma área com grades na entrada. O muro era baixo, com uma grade em cima que dava um toque meio "prisão bonitinha", mas funcionava.

O jardim era o orgulho da minha mãe, cheio de flores que ela cultivava com um carinho quase obsessivo. Todo dia, lá estava ela, regando as plantas e colhendo rosas para colocar num jarro na mesa. Todo dia, sem falhar, a mesa tinha rosas frescas. No fim do ano, era um ritual: ela pintava tudo, desde as grades até as paredes, e a casa ganhava uma cara nova.

Minha irmã, Valderiza Barroso – ou Valda, como a gente chamava – tinha a missão de comprar os presentes de Natal. Ela colocava cada presente embaixo das nossas redes, porque quase todo mundo lá em casa dormia em rede. Era uma coisa meio mágica ver aqueles pacotinhos aparecendo de repente.

A gente montava árvore de Natal e fazia uma festa de fim de ano que transformava a casa. Minha mãe trocava todas as cortinas, dava um jeito em tudo. E assim, a gente vivia nossos finais de ano, com a casa toda arrumada, cheirando a tinta fresca e cheia de vida. Era simples, mas era cheio de amor e esforço. E isso, meu amigo, faz toda a diferença.

À noite a gente se reunia na porta de casa, e era uma cena digna de filme. Meu pai sentava ali, minha mãe fazia aquele café cheiroso, e a dona Raimunda, nossa vizinha, trazia um bolo de milho. Era uma tradição. Minha irmã, Izolda, já tinha deixado tudo arrumado: varria a frente da casa, limpava tudo, e colocava as cadeiras no lugar.

Os mais velhos pegavam as cadeiras, enquanto os mais novos sentavam no chão, prontos para devorar o bolo e o café. Era uma animação só. Todo mundo ali, rindo, conversando, aproveitando aquele momento simples, mas tão especial. Todas as noites, esse era nosso lazer, nosso jeito de interagir com as vizinhas. A rua era calma, e todos os casais tinham filhos da mesma idade, então a criançada se reunia para brincar. Eita, tempo bom!

Isso acontecia pelo menos umas três vezes por semana, e cada vez era uma festa. Nossa casa era cheia de diversão e a gente era muito feliz. Simples, mas de um jeito que hoje em dia parece até impossível. Era a nossa rotina, o nosso jeito de viver e de aproveitar a vida.

O tempo passa, e lá em 1974, eu tinha apenas 14 anos e já estava trabalhando. Fui parar na mesma empresa onde meu pai havia trabalhado e onde minha mãe ainda dava duro: a famosa fábrica de tecelagem Filomeno Gomes.

Meu destino foi o setor de empacotamento. Imagina só: acordar cedo, bater o cartão às sete da manhã e passar o dia empacotando toalhas e redes. Era isso que a fábrica produzia e eu estava lá, fazendo minha parte.

Minha mãe? Ela trabalhava no setor de acabamento. Era uma verdadeira máquina de trabalho. E assim, minha adolescência foi marcada por jornadas de trabalho desde cedo. Mas foi lá que eu conheci meu primeiro namorado, o nome dele: Ilton. O romance começou naquele ambiente nada romântico da fábrica. A gente paquerava no meio das toalhas e redes, e depois, à noite, continuávamos a conversa na escola. Ele estudava no Liceu do Ceará e eu, no Dom Helio Campos, que ficava perto de casa.

Até hoje, lembro como se fosse ontem. A gente saía das aulas juntos, trocando olhares e risadas, naquela felicidade simples e intensa que só os adolescentes conhecem.

Eu estava apaixonada, ele também, o nome dele, Ilton de Sousa Leitão, e a gente vivia aquele momento de adolescente feliz, achando que o mundo girava em torno da nossa história. Namorávamos escondidos, porque minha mãe achava que eu era muito nova para essas coisas. E a gente dava um jeito, driblando a vigilância materna. Mas um dia, meu irmão nos pegou voltando do trabalho juntos. Foi uma verdadeira corrida! Corremos como se nossas vidas dependessem disso para escapar da fúria dele. Aquela cena virou piada interna por anos. Sempre ríamos ao lembrar desse episódio, parte da história das nossas vidas.

Quando noivamos, minha mãe começou a perguntar por que a gente ainda não havia marcado a data do casamento, pois já estava na hora, segundo ela. Namoramos por três anos e, nesse tempo, fomos juntando dinheiro na poupança, comprando nossos móveis, peça por peça, criando expectativa para o grande dia.

Naquela época, organizar um casamento não era nada fácil, mas conseguimos. E assim, marcamos nosso casamento para o dia 29/12/1979, com muita persistência e amor, realizamos nosso sonho.

CAPÍTULO 03

Casamento

A gente conseguiu fazer uma festa de casamento para cem pessoas. Para o nosso padrão de vida na época, isso era um verdadeiro luxo. A festa foi uma alegria só, com toda a vizinhança se envolvendo e celebrando com a gente. Casei às cinco da tarde, na igreja Nossa Senhora dos Navegantes, a mesma onde fui batizada. Quer dizer, emocionalmente, eu estava com aquele vestido branco com renda nas mangas, escolhido com capricho pela minha saudosa mãezinha.

Minha irmã, que morava fora, veio para o casamento,

trazendo ainda mais felicidade. Foi um dia de muitas alegrias. Já tinha perdido meu pai, quando ele faleceu, eu tinha 16 anos. Então, casar aos 18 foi um marco, um renascimento de felicidade na nossa família.

A festa foi algo que ainda me emociona quando lembro. Toda a vizinhança ajudou na arrumação da casa e na preparação dos doces e salgados. Dona Raimunda, sempre amável, estava presente em todos os momentos, fazendo as comidas. E Mercedes, uma amiga querida, cuidou da minha maquiagem, me deixando linda para o grande dia.

Cada momento daquele dia ainda está vivo na minha memória. Se eu fechar os olhos, vejo tudo passando como um filme. Foram momentos bons, inesquecíveis, que aquecem o coração sempre que penso neles.

Ah, e tinha o Seu Domingos. Figuraça! No dia da minha festa de casamento, enquanto todo mundo estava na correria, cozinhando, desfiando frango, cuidando das comidas, ele entrou lá em casa com um jeitão todo engraçado e disse: "Vou comer um pouquinho aqui," dançando e pulando para todos os lados. Foi hilário! Só de falar, consigo imaginar tudo de novo, como se estivesse acontecendo agora.

Essa cena dele, meio atrapalhado, querendo aproveitar a festa, foi a cereja do bolo naquela noite. Todo mundo riu, e aquilo só fez a festa ficar ainda mais especial e divertida. Às vezes, são esses momentos simples e inesperados que fazem tudo valer a pena.

CAPÍTULO 04

Mudanças

Deixei para trás meu bairro e me mudei para um lugar um pouco distante. Dois jovens, sem experiência, começando a vida conjugal. Ganhamos uma casa da empresa onde meu marido trabalhava, uma daquelas casas destinadas aos funcionários. Levamos nossos móveis para lá com a ajuda da minha sogra, uma mulher incrível que me apoiou muito, me ajudou a crescer e amadurecer. Ela sempre estava lá para mim, como uma segunda mãe.

Nosso casamento começou bem. No início, tudo era novidade, tudo era bom, como se a vida fosse um conto de fadas. Logo, engravidei do nosso primeiro filho, o Nelson. Foi uma gravidez saudável, e eu continuei trabalhando até o final, quando tirei minha licença-maternidade. Quando Nelson nasceu, minha rotina mudou completamente. Eu o deixava com minha mãe de manhã antes de ir trabalhar e o pegava à noite quando voltava. Essa rotina semanal se repetia, dia após dia.

Quando Nelson tinha apenas dois meses, ele ficou doente, com uma pneumonia que o deixou internado. A experiência de ver meu filho no hospital, tão pequeno e frágil, foi aterrorizante. Ele estava no oxigênio, e eu, sem experiência nenhuma, sofria junto com ele. O sofrimento foi grande, tanto para mim quanto para o pai dele. Minha mãe também sofreu junto conosco.

Enquanto eu ainda lidava com a doença de Nelson, descobri que estava grávida novamente. Foi um choque. No meio da correria para cuidar de um bebê doente, de repente, outra gravidez inesperada. A vida parecia uma montanha-russa sem fim.

No meio de toda essa confusão, havia momentos de ironia e sarcasmo. "Como se a vida não pudesse complicar mais, né?", eu pensava. E assim, seguimos, enfrentando um desafio após o outro, aprendendo a ser pais, adultos e parceiros, tudo ao mesmo tempo. Mas, no fundo, sabíamos que, apesar de tudo, estávamos juntos nessa jornada louca chamada vida.

E lá fui eu, novamente grávida. Com uma criança pequena já nos braços e toda aquela confusão, tive que lidar com mais uma gravidez. A cada dia, parecia que o universo estava se divertindo à custa da nossa sanidade. O

Nelson recebeu alta, meu segundo filho nasceu, e a vida virou um turbilhão. Mais uma vez, a rotina se complicou.

Com duas crianças, meu trabalho virou quase uma lembrança distante. Eu passava mais tempo em casa do que no trabalho, cuidando das crianças e tentando manter a sanidade. E foi exatamente nesse cenário que a depressão pós-parto chegou como uma sombra implacável.

A depressão pós-parto é uma daquelas doenças que se dizem "o câncer da alma", e não é exagero. Eu passei um ano inteiro mergulhada nessa tristeza profunda. Sorria para os outros, porque ninguém precisa saber da tempestade interna, não é? Sorria para esconder a dor que vinha de um lugar tão profundo que eu mesma mal conseguia entender.

Os livros que eu amava, os filmes que costumavam me capturar – nada fazia sentido. Era como se todas as minhas paixões tivessem desaparecido, substituídas por uma nuvem de desesperança. Era um buraco negro de tristeza, onde a luz parecia uma piada cruel.

A vida continuava, mas a minha cabeça parecia estar em outro planeta. A rotina familiar, que antes parecia cheia de amor e esperança, se tornou uma batalha constante contra a solidão e a exaustão emocional. Era como se eu estivesse vivendo em um loop de obrigações e deveres, sem conseguir escapar para a alegria ou descanso.

No meio disso tudo, a ironia não escapava a mim. "Que ótimo", eu pensava, "agora tenho duas crianças e uma mente em frangalhos." Cada dia era uma luta, mas continuei, porque o que mais eu poderia fazer? Havia uma pequena voz lá dentro, dizendo que, um dia, as coisas iam melhorar. E eu me agarrava a essa voz, mesmo quando parecia uma piada de mau gosto.

CAPÍTULO 05

Lutas

Sair da depressão foi uma batalha, e não qualquer batalha – foi como tentar escalar uma montanha com as mãos amarradas. Eu estava exausta, correndo atrás de cada solução que encontrava, gritando para o universo: "Eu só quero ficar bem! Me deixe voltar a ser eu mesma!" Só que, claro, eu não estava sozinha nessa jornada. Com dois filhos pequenos, o pânico era constante. Eu não queria, de forma alguma, ficar longe deles enquanto tentava me recuperar. Era uma luta para sair da escuridão enquanto ainda tentava manter a vida familiar funcionando.

Foi nesse cenário que decidimos fazer uma mudança radical. Compramos uma casa em Caucaia, longe da minha mãe e de tudo o que era familiar. Uma nova cidade, uma nova casa – e eu esperava, com uma esperança quase absurda, que isso mudasse alguma coisa. Na época, o bebê mais novo tinha apenas quatro meses, e o mais velho tinha um ano e um mês. Era o caos, mas um caos que eu estava determinada a enfrentar.

A depressão, por outro lado, parecia uma visitante indesejada que se recusava a partir. Eu me agarrava às pequenas esperanças, tentando de tudo para melhorar. Comprei uma casa nova e, com ela, o desejo de me reinventar. Decidi que precisava de roupas novas – um símbolo de uma nova fase, talvez. Peguei todas as minhas roupas de gravidez e levei a uma costureira que me recomendaram. O plano era simples: transformar essas roupas antigas em algo novo para que eu pudesse me sentir um pouco mais "normal".

Mas a vida, claro, tinha suas próprias ideias de como as coisas deveriam funcionar. Dois dias depois, fui buscar as roupas, e a costureira me olhou com uma expressão que eu já conhecia bem – aquela mistura de culpa e desespero. "Minha querida", ela disse, "a sua roupa ainda não está pronta. A pessoa que estava me ajudando acabou de ter um bebê e pretende doar a criança. Ela é muito jovem e não está preparada para assumir tamanha responsabilidade. Ela está tentando resolver isso e, claro, eu tenho que esperar." Foi um daqueles momentos em que você se pergunta se está em um filme de comédia ou drama. "Sério?", eu pensei. "Eu não posso simplesmente ter uma vida normal sem essas complicações?" E logo fiquei pensando no que poderia fazer para ajudar aquela criança da moça que ajudava minha costureira, uma vez que ela não tinha como ajudar.

Apesar da situação, eu sabia que tinha algo a fazer, encontrar uma solução para cuidar da criança. Afinal, eu já estava imersa em uma situação de sentimentos, eles eram tão fortes que estavam fora do meu controle. Perguntei onde a pessoa morava e, com um misto de frustração e determinação, procurei alguém que pudesse ajudar a encontrar o endereço da jovem mãe.

Então, com uma determinação que beirava a teimosia, decidi que não deixaria aquela situação me desviar do que eu queria. Eu fiquei a noite toda pensando naquela criança. Era como se cada desafio fosse um obstáculo a mais em um jogo que eu estava desesperada para ganhar. No fundo, eu sabia que não estava só: havia uma força interna me empurrando para seguir em frente, mesmo quando tudo parecia estar desmoronando.

Na manhã seguinte, iniciei o assunto com meu marido. Como sempre, a conversa com ele foi um misto de tensão e frustração. Expliquei a situação – que a costureira estava com problemas, que aquela criança eu queria muito cuidar dela, estava lidando com um caos que parecia nunca terminar. Meu marido olhou para mim com aquela expressão que dizia: "Você realmente acha que consegue lidar com mais um filho agora?"

Eu entendi a preocupação dele. Ele via o quanto eu estava lutando para sair do buraco profundo da depressão, e eu estava, de fato, sobrecarregada. "Você acha que consegue?", ele me perguntou. "Você já está no limite, e agora ainda quer se preocupar com uma criança tão pequena, que nem sabemos o estado de saúde em que ela se encontra."

Era um pedaço de normalidade que eu estava tentando desesperadamente agarrar. "Sim, eu consigo!", eu respondi, mais para mim mesma do que para ele. "Se essa criança estiver lá, ela precisa de ajuda. E eu vou buscá-la!" Ele suspirou, balançando a cabeça, claramente desanimado, mas também compreensivo. "Tá bom, se é isso que você quer, vá em frente. Mas por favor, tenha paciência. Não está fácil para ninguém, e eu estou segurando as pontas por aqui."

Então, com um misto de alívio e nervosismo, peguei o

endereço e liguei para uma amiga, a Carla. Expliquei a situação e pedi que ela me ajudasse a buscar a menina. Era como se eu estivesse pedindo a ela que me ajudasse a desatar um nó complicado que havia me aprisionado. Carla, sempre solidária, aceitou ajudar com a mesma energia que eu havia usado para enfrentar todos os outros desafios. Juntas, fomos até o endereço fornecido. A viagem foi uma mistura de conversa descontraída e pensamentos preocupados, enquanto eu tentava desviar a mente das inseguranças que me atormentavam.

Bati na porta e esperei. Ninguém atendeu. Bati de novo e, dessa vez, a vizinha apareceu. A mulher, com um olhar misto de curiosidade e desgosto, me informou que a casa estava vazia. "Não tem ninguém em casa, não", disse ela, com um tom que misturava desdém e desinteresse. "A jovem que mora aí teve um bebê e passa o dia todo correndo na rua. Ela é tão nova e maluca que vive mais na pracinha do que em casa."

A sensação de frustração cresceu dentro de mim. Como assim a criança estava sozinha?

"Então, onde é que ela está?" perguntei, tentando não deixar transparecer o desespero. A vizinha, com a paciência de quem já tinha visto de tudo, apontou para a pracinha próxima. "Ela deve estar lá. Tem uma TV no meio da praça onde o pessoal se reúne para assistir." Com um misto de determinação e cansaço, fomos até a pracinha. Eu estava imaginando a situação – uma criança abandonada sozinha enquanto uma adolescente corria para se divertir. Ah, a ironia! A vida tinha um jeito bem sarcástico de mostrar o que realmente importava. Quando chegamos à pracinha, avistamos a menina – uma adolescente de 16 anos, com um cabelão que voava ao vento e um olhar de quem ainda estava descobrindo o mundo. Ela estava, de fato, se divertindo com as amigas, ignorando completamente a responsabilidade que parecia ter deixado para trás. Quando me viu, atravessou a pista com a rapidez de quem estava fugindo de uma responsabilidade, mas não parecia estar preocupada com isso.

"Oi," disse eu, tentando manter a compostura. "Boa tarde. Sou eu que estou aqui para pegar a criança."

A menina, sem o menor sinal de constrangimento, simplesmente respondeu: "Sou eu mesma. Vou abrir a porta pra você." Tirou a chave do bolso, abriu a casa e me deixou ver a cena que eu esperava, mas que, de alguma forma, ainda me chocou: a criança, deitada em uma rede, parecia completamente alheia à confusão ao seu redor. Combinei com Carla que, se a criança parecesse bem cuidada, a situação não seria tão preocupante. No entanto, a visão da pequena solitária naquela rede me fez pensar em tudo que eu havia passado, em como era difícil lidar com os próprios desafios e ainda encontrar forças para ajudar os outros.

Enquanto Carla e eu pegávamos as roupas, minha mente estava a mil. Quando cheguei perto da rede, a criança me deu um sorriso tão lindo que, na hora, soube que ela seria minha filha. Peguei-a no colo e a levei para a casa da minha cunhada. Lá, preparei uma papinha bem gostosa, e ela comeu com tanta fome que parecia estar comendo pela primeira vez.

Depois, passei na farmácia para comprar fraldas e voltei para casa. Ao entrar, meu marido nos olhou com um misto de surpresa e aceitação. Sem hesitar, saiu para comprar mamadeira para a criança. E assim, ela se tornou o nosso terceiro filho.

CAPÍTULO 06

Nova vida

Após alguns dias, eu fiz todos os exames na criança, e estavam todos normais. Ela estava apenas raquítica e precisava apenas de um acompanhamento nutricional. Levei-a a uma nutricionista e comecei a cuidar dela com todo o carinho que eu podia oferecer. No começo, foi difícil.

Minha sogra ficou chocada com a situação, especialmente porque eu já tinha dois filhos, estava lidando com a depressão e, aos 23 anos, havia decidido adotar um terceiro. Foi um verdadeiro impacto para todos. Mas, com o tempo, quando viram que minha decisão vinha do coração e que eu estava realmente feliz, a aceitação começou a aparecer. Minhas cunhadas, minha sogra e a madrinha da minha filha, Edneia, me deram um apoio imenso. A menina, envolta em tanto amor, se adaptou bem à nova família.

Levei os três filhos para o mesmo colégio, estudavam todos juntos, e eu cuidava deles como podia. A depressão começou a se dissipar, especialmente com a ajuda da minha mãe. Combinei com ela para cuidar da minha filha durante a semana, já que eu havia começado a trabalhar em Fortaleza e morava no município vizinho. Eu queria estar mais perto dela para poder amamentá-la com mais frequência, pois ela precisava disso. Durante o almoço, eu ia até minha mãe para amamentar, sim, amamentar, pois o meu caçula estava com quatro meses, e meu leite jorrava fácil, dia e noite. Ao voltar do trabalho, fazia o mesmo. Minha mãe ficava com ela enquanto eu estava fora.

Às sextas-feiras, eu pegava minha filha no final do expediente e a levava para casa. E assim foi por um ano. A ajuda da minha mãe foi crucial. Quando a minha filha começou a falar, chamou minha mãe de "vovó" e me chamava de "mamãe", mas não dizia "papai". Meu marido não gostou nada disso e falou que algo precisava mudar, já que a criança estava mais tempo com minha mãe do que com ele. Então, decidi reorganizar as coisas: passei a ficar mais tempo em casa, e a mesma pessoa cuidava dos meninos e dela.

Foi uma luta enorme, mas, no final, deu certo. Eu consegui criar minha filha com todo o amor e dedicação que ela merecia.

Minha filha tinha um estrabismo severo; seus olhos pareciam não saber para onde estavam olhando, e eu temia a cirurgia. O médico falava que a recuperação exigiria muito repouso, e eu sabia que cuidar de uma criança pequena durante esse processo seria complicado. Naquela época, operar uma criança com estrabismo não era simples, e a recuperação era um desafio. Além disso, eu não tinha um bom plano de saúde para cobrir a cirurgia, o que só aumentava minha preocupação. Eu a protegia dos olhares curiosos e tentava lidar com a situação da melhor maneira possível.

Então, mudei de Caucaia e retornei para Fortaleza, em busca de uma casa mais próxima do trabalho do meu marido. Naquela época, ele estava mudando muito, saindo muitas noites, e seu comportamento estava me deixando muito preocupada. A ideia de morar mais perto parecia promissora, mas as coisas não melhoraram. Logo compramos uma casa em outro bairro, e minha mãe se mudou para perto de nós. Foi nessa nova casa que engravidei do quarto filho.

Enquanto isso, estava vendendo confecções para ajudar nas despesas da casa e dar uma educação melhor aos meus filhos. Sempre me preocupei em proporcionar algo de bom para eles, mesmo que nossa vida fosse simples. Mesmo com as limitações, eu fazia questão de celebrar cada aniversário com um bolinho e uma pequena festa. Cada data importante era marcada com um bolo e o tradicional "Parabéns", não importava o tamanho ou a simplicidade.

Meu casamento estava começando a balançar nessa época. Embora meu marido estivesse feliz com a nova gravidez, ele já não tinha a mesma empolgação que demonstrava nos primeiros anos. Ele continuava com sua vida noturna e novas amizades, vivendo como se fosse solteiro, saindo com várias mulheres, enquanto eu me dedicava às crianças e ao trabalho.

Quando meu quarto filho nasceu, decidi que era hora de parar e estudar. Era uma nova fase, e eu sabia que precisava de mais para enfrentar os desafios que a vida estava me apresentando.

CAPÍTULO 07

Trabalho

A primeira coisa que fiz foi começar a estudar na área da saúde, um sonho antigo meu. Decidi estudar enfermagem e comecei imediatamente um curso de Auxiliar de Enfermagem a curto prazo, pois queria sentir como eu enfrentaria essa profissão, já que cuidar de pessoas já fazia parte da minha vida. Havia dias em que eu não sabia com quem deixar meu filho mais novo. Minha vizinha, uma grande ajuda, cuidava dele à noite quando eu tinha plantões e estágios. Eu passava muito tempo na Santa Casa de Misericórdia de Fortaleza, enfrentando a ausência da minha mãe, que muitas vezes estava na casa de minha irmã, e um marido que estava constantemente fora de casa.

Era uma batalha constante. Tinha que deixar comida pronta e a casa organizada para quem ficava com as crianças. Apesar das dificuldades, continuei, porque muitas mulheres, assim como eu, enfrentam essa batalha de criar filhos sozinhas, às vezes até com um parceiro presente, mas sem o apoio real que se espera. Durante os plantões de estágio, muitas vezes chorava preocupada, sem poder demonstrar o que sentia para ninguém. Era necessário estar bem e sorridente, mesmo que por dentro estivesse quebrada. Clamava a Deus por discernimento, força e um emprego ao final do curso. Fiz um trato com Deus: se conseguisse terminar o curso e um bom trabalho, ofereceria atendimento de enfermagem gratuito à minha comunidade, sem cobrar um centavo. Hoje me emociono enquanto escrevo essas palavras e lembro da minha força de vontade.

Deus ouviu minhas preces. Comecei a ver mudanças em minha vida, e a história começou a se transformar. Logo que comecei a me preparar para o fim do curso, me deparei com uma oportunidade: o concurso do maior hospital municipal de minha cidade e outro concurso em um município vizinho.

Fiquei cheia de ansiedade, tentando me preparar para os exames enquanto faltava apenas um mês para terminar meu curso. Estudava à noite, sentada com uma mesa cheia de livros, enquanto meu marido chegava em casa às três, quatro da manhã, depois de suas saídas. Ele me olhava e perguntava, meio irritado, o que eu estava fazendo acordada naquela hora. Eu olhava para ele e, no fundo, meu coração dizia que eu precisava continuar.

Nos finais de semana, a rotina era a mesma: eu mergulhava nos livros emprestados por amigas e conhecidos da área da saúde. Cada um me ajudava como podia, e eu me dedicava ao máximo aos estudos. A inscrição para o concurso era cara, e a dificuldade financeira era enorme. Para pagar a inscrição do concurso do hospital municipal, que era o mais caro, vendi uma televisão pequena que eu tinha no meu quarto. O dinheiro que consegui para o outro concurso foi tirado das economias dos gastos de casa e de outras economias que consegui juntar, dividindo tudo o que podia para conseguir fazer as inscrições.

Com muito esforço e sacrifício, consegui realizar as inscrições e me preparei para enfrentar os desafios que vinham pela frente. Chegou o dia da prova do primeiro concurso, e eu estava nervosa, mas também cheia de esperança. Enquanto me dirigia para o local da prova, conversava com Deus, pedindo que Ele iluminasse minha mente para lembrar de tudo o que eu tinha estudado. Orei fervorosamente: "Senhor, não se esqueça do meu propósito. Prometi que nunca cobraria nada de quem eu atendesse na minha casa. Por favor, me ajude nessa hora, com sabedoria".

Finalmente, recebi a notícia de que havia passado no hospital municipal, em 22º lugar, e meu nome estava no Diário Oficial. Foi um momento de imensa felicidade, um verdadeiro presente para mim. Minha sogra estava tão orgulhosa que ligou para todas as suas amigas, dizendo: "A minha nora, Erineide, passou no concurso do município".

Eu estava radiante em casa, agradecendo a Deus com todo o meu coração. Com a alegria ainda fresca, comecei a me preparar para o concurso do município vizinho. Continuei estudando com a mesma dedicação e, para minha alegria, passei também, em 10º lugar. No mesmo mês, comecei a trabalhar em ambos os empregos. Era uma nova batalha, uma fase intensa de minha vida com dois empregos, quatro filhos e um marido problemático. Imaginem o que eu passei. É um desafio que muitas mulheres enfrentam, lutando todos os dias para equilibrar responsabilidades e sonhos. A vida não foi fácil, mas eu continuei, movida pela determinação e pela fé.

CAPÍTULO 08

Concursos

Assumir os dois concursos foi um desafio imenso. Eu acordava às 4 horas da manhã, preparava a comida e organizava tudo para que meus quatro filhos pudessem ir para a escola bem cuidados. Eu deixava a casa arrumada e a comida pronta e então partia para o trabalho. Com o meu primeiro salário, contratei uma pessoa para ajudar em casa, cuidar das crianças e organizar a rotina. Troquei móveis antigos, inclusive o sofá que tínhamos desde o tempo do nosso noivado. Essa mudança, embora pequena, marcou o início de uma nova fase na minha vida.

Minha mãe morava perto e atuava como uma espécie de supervisora, mantendo-me informada sobre a situação em casa. Eu estava ocupada, mas feliz, cuidando dos meus pacientes na minha casa. Era comum ter uma fila de até dez pessoas à minha porta, esperando para receber atendimento. Eu verificava a pressão, fazia curativos e tratava de doenças crônicas, oferecendo cuidados a quem nunca tinha visto antes.

Quando surgiu a oportunidade de concorrer a uma vaga para fazer um curso de extensão no Hospital

Universitário Federal, fiz a prova e passei em quarto lugar. Receber a notícia foi um momento de grande emoção. Lembrei-me de três anos antes, quando tentei conseguir um emprego no mesmo hospital na vaga de copeira e não consegui. Agora, finalmente, estava lá. Lembro que chorava no caminho de volta para casa após receber o resultado. De fato, Deus é maravilhoso. Aquelas lágrimas eram de alegria.

Passei dois anos no hospital, aprendendo e crescendo profissionalmente. Essa experiência foi fundamental para mim. Logo, ingressei no curso técnico de enfermagem e estudei para valer. Olhando para trás, percebo que Deus tinha um plano maior: Ele precisava que eu passasse nos dois concursos e adquirisse a experiência necessária antes de me dar a chance de entrar na universidade.

Com os filhos crescendo e eu mergulhada no trabalho, o casamento continuava estagnado. Meu marido passava mais tempo fora de casa do que dentro dela. Eu fazia o possível para evitar trabalhar à noite, preferindo os turnos diurnos para não dar desculpas para ele. As noites solitárias eram minhas; eu passava horas sozinha no quarto enquanto ele se entretinha com sua vida noturna. Chegava em casa exausta, triste e desanimada, mas sempre tentava levantar a cabeça e buscar forças em Deus. Cuidava dos meus pacientes com um carinho que vinha do fundo do meu coração, oferecendo muito mais do que apenas medicações e cuidados técnicos. Eu sentia a necessidade de dar amor e atenção a cada um deles. Não sei de onde vinha tanta força, mas ela estava sempre lá, me sustentando.

Era uma rotina de correria constante: lidar com pacientes em situações críticas, fazer manobras de enfermagem até que o médico chegasse, levar pacientes às pressas para a sala de ressuscitação para salvar vidas. Cada dia era uma batalha, um teste de resistência física e emocional. Chegava em casa com os ombros doloridos e o coração cheio de histórias e desafios, sempre lutando para manter o equilíbrio entre o trabalho e a vida pessoal.

Depois de cinco anos trabalhando no hospital municipal e no hospital do município vizinho, decidi deixar o cargo no município vizinho e me dedicar exclusivamente ao hospital da minha cidade, que é Fortaleza. Foi lá que, com o passar dos anos, comecei a me especializar em lesões cirúrgicas. Trabalhei ao lado de várias pessoas incríveis, entre elas: Francelia Martins,

Lúcia de Morais, Ávila Paiva e Valdecir Ferreira. Cultivo amizade para sempre com essas pessoas, parceiras incríveis. Formávamos uma equipe dedicada aos cuidados clínicos e também de lesões graves e curativos complexos. Durante quase duas décadas, enfrentamos juntos desafios imensos: amputações de membros, curativos extensivos e situações que pareciam quase inimagináveis.

Cada dia era uma nova luta, mas também uma grande oportunidade de aprendizado. A experiência foi profundamente enriquecedora. Lembro-me das vezes em que corremos contra o tempo para salvar um membro que estava prestes a ser amputado. A dedicação e o esforço valiam a pena quando, no final, o paciente recebia alta com o membro ainda intacto. Esses momentos, em que conseguimos evitar amputações e ver os pacientes saírem com suas pernas intactas, são inesquecíveis. Para nós, que trabalhamos tão arduamente, e para os pacientes, que enfrentaram o medo e a dor, essas conquistas são memórias que permanecem vivas e marcantes. Cada sucesso nos lembrou o quanto nossa missão era importante e gratificante.

CAPÍTULO 09

IJF

Foi trabalhando no maior instituto, Dr. José Frota (IJF), o maior hospital de urgência e emergência de nível terciário da rede de saúde pública da prefeitura de Fortaleza, que vivi momentos felizes e também momentos angustiantes, como este que vou relatar. Era um caso de uma criança envolvida em um acidente de carro. Quando ele chegou, o braço estava tão esfacelado que tiveram que amputá-lo. Foi uma operação complexa e dolorosa, mas a prioridade era oferecer o melhor cuidado possível. O dia da alta chegou e, mesmo assim, o menino se recusava a ir embora. Ele se agarrava à mãe, dizendo que não iria para casa sem o braço de volta. "O médico ainda vem colocar meu bracinho", ele dizia, com a voz cheia de esperança e desespero. Sua determinação e o jeito como se recusava a aceitar a nova realidade eram de partir o coração.

Eu me vi saindo para o setor, as lágrimas escorrendo sem parar. Não havia ninguém ali para me segurar, e a fragilidade da situação me fez sentir uma dor profunda.

Esses momentos, essas realidades cruéis da nossa profissão, mostram o quanto somos fortes e, ao mesmo tempo, vulneráveis. É um trabalho que exige uma força imensa, mas também nos deixa expostos a uma vulnerabilidade dolorosa.

No ano 2000, eu resolvi retomar os estudos, com o apoio da minha cunhada Edneia Leitão. Ela foi um pilar da minha evolução; Edneia Leitão sempre foi uma fortaleza em pessoa, corajosa, inteligente, intelectual, virtuosa e próspera. Graças a Deus e ao incentivo de Edneia, passei no vestibular e ingressei na faculdade. Concluir a faculdade foi uma grande realização para mim, mais um sonho que se concretizou e uma superação significativa na minha vida.

Minha mãe, Maria Estela, esteve ao meu lado durante esse processo. Eu sempre imaginei que ela participaria e ficaria feliz com as minhas conquistas. Ela esteve presente na minha colação de grau e na festa de formatura. Ter a presença dela foi um presente precioso. Maria Estela, minha mãe, era uma mulher de fibra, uma verdadeira guerreira, e falar sobre ela sempre me enche de orgulho e gratidão. Tive uma mãe maravilhosa, e isso é algo que valorizo imensamente.

A minha festa de formatura foi um marco inesquecível. Investi tempo e coragem na celebração, e o esforço valeu cada momento. Todos estavam lá: meus filhos, meu marido, Ilton Leitão, que, apesar de tudo, estava presente, e minhas cunhadas, Ercilia Leitão, minha amiga e inspiradora, Edineia Leitão, que sempre estiveram ao meu lado. Cada detalhe da festa foi planejado com cuidado, e quando fecho os olhos, ainda posso sentir a energia daquela noite mágica. Minha família me homenageou, e o ambiente estava repleto de sorrisos e gratidão. Todos reunidos à mesa, cantando e celebrando, e eu recebendo o carinho de quem mais amo. A emoção foi palpável, especialmente quando minha mãe se emocionou ao ouvir o hino nacional. Seus olhos brilhavam com lágrimas, um reflexo da alegria e orgulho que ela sentia naquele momento.

Já havia passado a solenidade da colação de grau, que, para mim, foi o mais significativo de tudo. Colar grau ao lado da minha filha, Erica Patrícia, que também estava concluindo a faculdade. Esse gesto de conclusão compartilhada foi a cereja do bolo, um símbolo de que nossas jornadas, apesar de desafiadoras, estavam repletas de conquistas e superações. É um sentimento de realização que leva a um profundo agradecimento por todas as vitórias, grandes e pequenas, e pela presença de quem esteve ao meu lado.

CAPÍTULO 10

Separação

Quando voltei ao trabalho, continuei minha jornada de cuidado e dedicação. Em casa, transformei meu espaço em um refúgio para aqueles que precisavam de atendimento humanizado. Eu os recebia com o mesmo carinho e atenção que dedicava aos pacientes no hospital. Dava meu endereço e dizia que cuidaria de suas lesões, que só precisavam levar o material necessário, tratando-os em um ambiente mais acolhedor. Não havia dia em que minha casa não estivesse repleta de pessoas esperando por atendimento. Pessoas ansiosas para receber cuidados. E o melhor de tudo, para eles, era o atendimento gratuito. O que eu fazia era movido pelo amor à profissão, pelo caráter e pela promessa que havia feito a Deus. Embora alguns pacientes quisessem expressar sua gratidão com presentes, eu os aceitava apenas como um gesto de carinho, sem jamais considerar como pagamento. O verdadeiro valor para mim estava na satisfação de ajudar, no sentimento profundo de que estava cumprindo minha vocação e honrando meu compromisso.

Essa prática de cuidar em casa, cercada pela minha família e pelos meus filhos, era uma fonte de realização pessoal. Cada gesto de carinho e cada sorriso de agradecimento eram o reconhecimento mais valioso que eu poderia receber. O trabalho, para mim, era uma expressão do meu amor e dedicação, e isso me preenchia de uma maneira que nada mais poderia.

Carregando o peso de um casamento que parecia ser eterno, eu me sentia presa a um ideal que já não se encaixava mais na realidade da minha vida. A crença de que o casamento era para a vida toda, não importando o que acontecesse, começava a desmoronar diante dos fatos. E, para mim, esse dia chegou de forma brutal e inesperada. Eu estava no trabalho quando uma amiga me mostrou, nas redes sociais, uma imagem que me deixou sem chão. Lá estava meu marido, beijando a barriga de uma mulher jovem e bonita, muito mais jovem do que eu. O olhar de felicidade dele com ela era um golpe direto no meu coração. Naquele momento, a dura verdade se revelou: o casamento que eu havia lutado para manter havia se desintegrado há muito tempo. Eu estava apenas empurrando uma realidade insustentável, tentando forçar algo que já não tinha mais salvação.

A dor que senti foi profunda e esmagadora. Eu via a tristeza nos olhos dos meus filhos e me sentia consumida pela frustração. Decidi que era hora de pôr um fim àquela situação, de me libertar daquilo que estava me destruindo. Jamais subestime a capacidade de uma mulher que finalmente encontra a coragem de agir. Eu, que não conhecia meu próprio potencial, encontrei uma força inesperada para romper com um relacionamento que estava para completar 30 anos.

Meus conselheiros me alertaram sobre os impactos que a decisão poderia ter sobre os meus filhos, mas eu comecei a entender que precisava pensar em mim mesma. Naquela madrugada, quando ele chegou às quatro da manhã, após mais uma farra, eu estava decidida. Abri a porta da garagem e disse a ele que não entraria mais em casa. Ele quis saber o motivo, e eu simplesmente disse que não aguentava mais. Quando ele perguntou se os nossos filhos sabiam, eu confirmei que sim.

No dia seguinte, após o trabalho, eu chorava, mas uma sensação de leveza começava a se instalar. A culpa ainda me assombrava, mas eu sabia que estava fazendo o que era certo. Meus filhos, por sua vez, me apoiaram incondicionalmente.

Depois que ele se foi, nunca mais voltou, nunca me ofereceu um centavo de pensão para ajudar nas despesas. Eu tive que arcar com tudo sozinha, mas, apesar das dificuldades, não desanimei. Me agarrei aos meus filhos e continuei firme. A vida, embora dura e cheia de desafios, também me ofereceu a chance de recomeçar, de reconstruir e de encontrar uma nova força dentro de mim. Em meio à tempestade que se abateu sobre minha vida, havia momentos em que meus filhos, com a saudade do pai, se dirigiam a ele na esperança de que ele retornasse. Lembro-me das ligações que ele fazia, revelando o quanto havia se distanciado de nós. "Diga a eles que não volto", ele pedia, como se as palavras pudessem suavizar a dor que ele próprio havia causado. E em seguida, me falava: "Pode ser que agora ele entenda". O vazio dessas palavras expunha um desamor cruel, tanto por mim quanto pelos filhos.

Quando eu chegava em casa, encontrava meus filhos desolados e confusos. Tentava ser o pilar que eles precisavam, abraçando-os, colocando suas cabeças em meu colo, consolando-os e dizendo que superaríamos, que eu estava ali para ajudar. No entanto, não era fácil esconder a tristeza que eu sentia, e percebia como a minha dor afetava os meus pequenos. Eles passaram a dormir no meu quarto, aninhados perto de mim, como se, de alguma forma, pudessem afastar a tristeza que envolvia nossa casa. Não me deixavam sozinha um segundo sequer. E eu, embora consumida pela dor, sentia uma imensa gratidão a Deus por ter esses filhos ao meu lado. Sentia-me abençoada por sua presença constante e pelo amor incondicional que eles me davam.

O pai deles nunca mais se preocupou conosco. Passaram-se cinco anos sem uma palavra, sem uma visita, sem qualquer demonstração de interesse. Ele se ausentou completamente, como se tivesse apagado de sua vida o passado que havia compartilhado com a gente. Só após esse longo período ele começou a aparecer, de forma esporádica, como um fantasma do passado que surgia em ocasiões raras, como aniversários, mas com uma presença que parecia quase indiferente. A frieza de suas visitas raras contrastava com o calor constante e genuíno que meus filhos e eu compartilhávamos, e eu, de alguma forma, aprendi a valorizar ainda mais a família que eu tinha ao meu redor.

CAPÍTULO 11

Apoio da família

A família do meu ex-marido, apesar de tudo, nunca se alinhou com as escolhas dele. Sempre estiveram ao meu lado, oferecendo apoio e tentando ajudar. O amor e a solidariedade deles eram palpáveis, mas, infelizmente, nada do que fizeram conseguiu reverter a situação. Nada, absolutamente nada, conseguiu salvar o que estava se desintegrando.

Minha mãe ficou profundamente abalada com a separação. Ela já tinha complicações cardíacas severas e, um ano depois de nos separarmos, ela faleceu. Eu precisei deixar tudo para trás — trabalho, compromissos, qualquer rotina que tivesse — e dedicar-me completamente ao cuidado dela. Passei 23 dias no hospital, dia e noite, ao lado dela. Cada instante ao seu lado foi uma mistura de dor e amor, uma forma de despedida que eu vivia intensamente. Enquanto eu recebia o apoio das minhas irmãs, era eu quem estava sempre lá, presente, com um amor incondicional que apenas uma filha pode oferecer. Foi um período extremamente difícil e desafiador.

Meus filhos estavam passando por uma fase crucial de suas vidas, explorando suas próprias identidades, lidando com escolhas profissionais e namoros. Estavam amadurecendo em meio a um caos emocional que parecia não ter fim. Eles cresceram de maneira acelerada, enfrentando a dor e a dificuldade que, de algum modo, moldaram suas personalidades e suas vidas futuras. Nos momentos de solidão, eu me encontrava conversando com Deus. Sentei-me diante de um espelho e falava, como se estivesse conversando com Ele, buscando consolo e orientação. Perguntava a mim mesma o que eu poderia fazer, discutia minhas opções e ponderava sobre as melhores decisões. O espelho se tornou um confidente silencioso durante esse período sombrio, ajudando-me a navegar pela complexidade das emoções e decisões que precisavam ser feitas. Essa fase da minha vida foi marcada por um esforço contínuo de sobrevivência e autodescoberta, um verdadeiro teste de força e resiliência.

Minha mãe foi acometida com complicações cardíacas e faleceu em 2010, e logo no início de 2011, eu comecei a perceber que algo não estava certo com a minha saúde. A sensação era de que algo estava comprometido, embora eu não soubesse exatamente o quê. Chegava do trabalho exausta, sem energia para lidar com as tarefas que antes eu fazia com facilidade. Cuidar da casa, administrar minhas responsabilidades e apoiar meus filhos parecia uma tarefa impossível. Eu estava completamente estafada e, de repente, percebi que havia algo de errado com a minha saúde.

Fui ao médico, esperançosa de encontrar respostas. Ele disse que eu estava estressada, que os desafios da vida e as mudanças na minha família estavam me afetando. "Você está bem", afirmou ele, mas minha intuição dizia o contrário. Minha mãe tinha problemas cardíacos, e eu sabia que algo não estava certo. O médico parecia relutante em acreditar que pudesse haver um problema mais sério. "Você é uma pessoa muito alegre", ele me disse, como se isso fosse um sinal de que eu estava bem. Mesmo assim, eu sentia que algo estava profundamente errado e que eu precisava de um acompanhamento mais minucioso.

Minha amiga me recomendou outro cardiologista, e eu fui. Expliquei tudo ao novo médico, compartilhando o histórico da minha mãe e os sintomas que estava enfrentando. Ele pediu todos os exames possíveis. Quando eu levei os resultados para ele, afirmou que estavam normais. "Não há necessidade de medicação para pressão", disse ele, "seus exames não mostram nada preocupante." Eu fiquei perplexa. Se meus exames estavam normais, por que eu continuava me sentindo tão cansada e sem coragem? Era como se eu estivesse lutando contra uma névoa de exaustão e desânimo que não conseguia dissipar. O cansaço parecia consumir cada fibra do meu ser, e eu não conseguia entender o que estava acontecendo comigo. Eu me perguntei o que poderia estar causando essa sensação de falta de energia e desesperança, e a pergunta permanecia sem resposta, enquanto eu tentava lidar com a incerteza e a frustração que se instalavam em minha vida.

Era como se eu tivesse trabalhado mais do que o habitual, como se o esforço de uma semana inteira tivesse se concentrado em um só dia. Quando eu me deitava na cama, sentia um peso imenso, como se todo o cansaço e a fadiga tivessem sido transferidos para aquele colchão. A cama parecia afundar sob o meu peso, como se eu estivesse afundando nela, esmagada pelo cansaço. Eu me sentia imensamente pesada, como se cada músculo do meu corpo estivesse carregado de uma exaustão quase palpável.

Minhas pernas doíam, uma dor profunda, quase como se cada passo que eu desse fosse um peso adicional que o meu corpo não estava mais preparado para carregar. Eu tentava ignorar, dizendo a mim mesma que era apenas um cansaço passageiro. Mas a dor persistia, especialmente quando eu andava muito, uma dor aguda e persistente que parecia vir diretamente dos ossos.

Mesmo assim, eu continuava trabalhando, empurrando meus limites, acreditando que era apenas uma fase. Fui a médicos, fiz exames, sempre com a esperança de encontrar uma explicação. E a resposta sempre era a mesma: "Os exames estão normais, não há nada de preocupante." Mas eu sabia, no fundo, que algo estava errado. A sensação de estar sobrecarregada e a dor persistente eram sinais claros de que meu corpo estava tentando me dizer algo que eu não conseguia ignorar.

CAPÍTULO 12

De volta à alegria

Apesar da dor recente pela perda da minha mãe, minha família estava incrivelmente unida e participativa no casamento do meu filho. Era uma manhã chuvosa; a água deslizava pela vidraça da janela, e eu observava o som suave da chuva, como um consolo inesperado depois de um dia intenso. A sensação era de acolhimento, como um abraço gentil da casa que eu chamava de lar. Quando finalmente deitei, o cansaço me envolveu como uma manta pesada. Após um ano do falecimento da minha mãe, eu comecei a sentir algo estranho relacionado à minha saúde. Mesmo assim, continuava trabalhando normalmente, mas, um belo dia, ao chegar de um plantão de 36 horas, eu não estava bem. Chegando em casa, fui direto para a cama. Mas, em vez de sentir alívio, percebi um peso estranho, como se alguém tivesse colocado uma saca de cimento em cima de mim. Era uma sensação que não fazia sentido, uma pressão inexplicável que não parecia vir da dor física ou da alma. Era algo mais sutil, um aviso silencioso do meu corpo.

Meus pensamentos vagavam enquanto eu tentava compreender o que estava acontecendo. Meu corpo parecia estar gritando para que eu prestasse atenção, como se dissesse: "Algo está errado, investigue". E eu sabia que precisava ouvir esse aviso, que havia algo mais profundo que precisava ser descoberto. O desconforto estava ali, constante, e era meu dever investigar o que estava realmente acontecendo. Então que decidi ir ao hospital de emergência cardiológica. Foi quando fiquei sabendo que estava prestes a infartar a qualquer momento. Os exames revelaram obstruções coronárias graves, e eu precisava ir para um leito de terapia intensiva, urgentemente. Falei com o médico e pedi um tempo para eu falar com meus filhos. Eu precisava desse momento, pois estava prestes a enfrentar o desconhecido, sem saber se teria a chance de voltar para casa, abraçar meus filhos novamente e vê-los felizes.

Eu queria tanto ver meu neto Artur, o primeiro neto que sempre pedi a Deus para acompanhar enquanto ele crescia. Ele tinha 4 anos; agora imaginava como seria vê-lo aos 15 anos, observando cada fase de sua vida em minha mente.

Pensava em como meus filhos envelheceriam, como a vida deles seguiria. Tudo parecia passar tão rápido, como se eu estivesse observando o tempo escoar através de meus dedos. No meio de tudo isso, eu tentei organizar minhas lembranças e meus sentimentos. Falei com meus filhos, pedindo-lhes que se mantivessem unidos, que se amassem e se cuidassem.

Lembrei-me de uma das minhas brincadeiras com eles, uma tradição simples que ainda trazia um sorriso ao meu rosto. Eu pegava um travesseiro, enchia-o com livros pesados e pedia ao mais velho para segurá-lo, dizendo que estava muito pesado. Eu então retirava alguns livros e pedia para o outro irmão segurar, e devolvia novamente para que segurasse até que o travesseiro estivesse mais leve. Eu dizia para ele segurar firme, e aos poucos, o peso diminuía. Essa lembrança simples e afetuosa era uma forma de mostrar que, mesmo nas situações mais difíceis, sempre há um jeito de tornar as coisas mais suportáveis, com um pouco de ajuda e paciência.

Naqueles momentos finais, minha mente estava cheia dessas imagens e sentimentos, desejando poder deixar para meus filhos uma mensagem de amor e união. Em meio à incerteza, essas memórias e essas instruções eram tudo o que eu podia oferecer, na esperança de que fossem um guia para eles no futuro.

Era uma maneira de ilustrar os problemas da vida, como às vezes a carga se tornava mais leve quando a família e os amigos ajudavam a carregar. A ideia era que, ao dividir os fardos, a vida se tornava mais suportável.

Eu queria tanto que vocês aprendessem a se apoiar mutuamente, especialmente nas piores horas. Era crucial ter amigos verdadeiros, amor e empatia, e eu esperava ter transmitido isso a vocês. Falando isso, eu via a tristeza nos rostos deles e sentia o peso das lágrimas que começavam a cair. Eu disse que não sabia o que me aguardava. Estava prestes a entrar na UTI para um exame sério, um cateterismo para verificar o estado do meu coração, se eu estava à beira de um infarto ou o que mais poderia acontecer. Apenas Deus sabia o futuro.

Para todos que lerem este livro, deixo uma mensagem clara: nunca percam a esperança. Nunca deixem a vontade de viver se apagar. Nunca se resignem ao pensamento de que é o fim. Sempre há uma faísca de esperança, mesmo quando parece que tudo está perdido.

Digo frequentemente que ninguém realmente chega ao fundo do poço. A metáfora do fundo do poço é enganosa. Ninguém retorna do verdadeiro fundo do poço porque, se você chegou lá, não há mais retorno. Na verdade, o fundo do poço é um lugar obscuro, onde a desolação gruda em você. Mas não é preciso chegar a esse fundo para enfrentar a luta e encontrar a força para se reerguer.

Eu falo isso com convicção porque vivi um momento de profunda tristeza na UTI. Um dia antes, eu estava envolta em uma alegria vibrante, e no dia seguinte, fui confrontada com uma das mais sombrias fases da minha vida. Contudo, mesmo diante da tristeza, mantenho a esperança e a fé. Não me entreguei ao desespero nem questionei a Deus por que isso estava acontecendo comigo.

E, surpreendentemente, meu medo começou a diminuir. À medida que o tempo passava, eu não conseguia compreender completamente aquele sentimento estranho e intenso. Era um sentimento de acolhimento, como se estivesse sendo envolvida por algo maior, mais protetor.

Uma coisa eu sei com certeza: naquele momento,

percebi algo fundamental sobre a vida. A vida é breve, incrivelmente breve. Aproveite cada instante, ame profundamente e nunca desista, mesmo quando os desafios parecem insuperáveis.

"Eu amo vocês," eu disse. "Se houver algum poder além deste mundo, eu usaria para ajudar vocês. Tudo é um mistério agora." Enquanto eu falava, as lágrimas deles me quebravam o coração, e o médico me levou para a UTI, com um enfermeiro ao meu lado. Lá de fora, eu ouvi o clamor deles, as vozes carregadas de dor e desespero. Fiquei internada, aguardando os exames e o que o futuro poderia me reservar. A incerteza era esmagadora, mas eu tentava manter a esperança, mesmo enquanto as sombras do desconhecido se aproximavam.

CAPÍTULO 13

Exames

Na manhã do exame de cateterismo, fui acompanhada por uma grande amiga, Valéria. Ela estava na sala, assistindo ao exame, e sua presença era um alívio imenso. Eu a senti como um apoio sólido, com suas mãos segurando as minhas enquanto o médico, um homem gentil e atencioso, realizava o procedimento.

O ambiente era repleto de tecnologia e incerteza, e eu preferia manter os olhos fechados, evitando compreender o que estava acontecendo. Não queria entender, não queria saber a extensão do que estava se passando. Mas, mesmo assim, as palavras do médico penetravam minha consciência, transformando a agonia em algo palpável.

Ele começava a relatar: "Uma artéria obstruída..." e mencionava o nome da artéria. Depois, "Duas artérias obstruídas, 95%." Eu pensava, "Meu Deus, 95% de obstrução em cada uma." E ele continuava, "Uma das principais artérias obstruídas, 85%." Eu sentia um frio na espinha, "Três artérias obstruídas agora." Ele prosseguia, e a quarta artéria era mencionada, seguida pela quinta. Cada nova revelação parecia um golpe no meu peito, uma confirmação do meu maior medo.

Valéria apertava minha mão cada vez que o médico mencionava mais uma obstrução. Ela trabalhava no mesmo hospital que eu e também no hospital cardiológico, e ali estava, na equipe ao meu lado, oferecendo um suporte silencioso e firme. Cada apertão em minha mão parecia dizer: "Você consegue. Você é forte." Mas, naquele momento, eu não me sentia forte. Sentia-me frágil e sobrecarregada, incapaz de lidar com a realidade que se desenrolava diante de mim. Quando o exame terminou e eu voltei para a minha realidade, uma profunda preocupação me envolvia. A esperança com a qual eu tinha entrado na sala parecia agora um eco distante, substituída por uma nuvem de incerteza e medo. A conclusão do exame não trouxe a certeza que eu esperava; trouxe, em vez disso, um peso difícil de suportar.

Ao retornar à UTI depois do exame, a inquietação tomou conta de mim. Comecei a conversar com todos ao meu redor, buscando respostas e soluções. Minha família, sempre tão solidária, conseguiu um especialista para entender melhor a situação. Minha cunhada, Ercilia Leitão, que era mais irmã do que cunhada, fez questão de contratar um especialista renomado em cardiologia. Ele revisou meu caso com a seriedade que a situação exigia e confirmou: a única chance era a cirurgia.

Aceitei a necessidade da operação sem hesitar, ciente de que era a única opção. Todos os médicos concordavam que a cirurgia era inevitável. No dia seguinte, minha família inteira e colegas de trabalho foram me visitar, entre eles Valdecir Ferreira, cada um trazendo um pedaço de conforto e força. Eles entravam um a um, me oferecendo palavras de encorajamento. Até meu ex-marido apareceu, como se fosse uma despedida coletiva. Cada visita, cada gesto de carinho, me fazia sentir um misto de tristeza e gratidão. O medo e a ansiedade cresciam à medida que a cirurgia se aproximava.

Sentia uma tristeza profunda, mas procurava não reclamar ou julgar ninguém. O único arrependimento que me consumia era não ter vivido mais, não ter aproveitado melhor as oportunidades que surgiram. Olhava para minha vida e percebia quanto tempo havia perdido com preocupações e medos. Senti que deveria ter arriscado mais, ter me divertido mais, ter vivido com mais intensidade. Lamentava não ter resolvido as questões antes, ter deixado para depois o que poderia ter feito no presente.

Esses pensamentos me atormentavam, mas, apesar do desânimo, mantinha a esperança. Deus é realmente maravilhoso, e a cirurgia aconteceu com sucesso, apenas três dias depois que eu estava internada. Foi um alívio imenso, um triunfo inesperado em meio à tempestade.

A cirurgia foi um sucesso, e todos os médicos estavam dizendo isso. As palavras deles eram um bálsamo, mas o que realmente me tocou foi a experiência emocional que vivi na véspera da operação. Na última noite antes da cirurgia, eu sonhei com minha mãe, que já havia partido. No sonho, eu estava em um túnel, um lugar estranho e misterioso, cercado por figuras familiares, todas pessoas queridas que já haviam nos deixado.

Vi minha tia, que me chamava com um gesto acolhedor, e senti a presença da minha mãe, segurando minha mão com uma força suave e reconfortante. Ela me dizia que eu não ficaria ali, que eu voltaria. Ao acordar, estava na UTI, e os médicos estavam ao meu redor, chamando meu nome com uma urgência calma.

Lembro-me claramente da sensação quando um dos

médicos perguntou por que minha mão estava tão fechada. Eu não conseguia abrir os dedos, ainda imersa na sensação do sonho em que minha mãe estava segurando minha mão com tanto carinho. A sensação de que ela estava ali, me segurando, era tão real que eu não conseguia distinguir entre o sonho e a realidade.

CAPÍTULO 14

UTI

Durante o tempo em que estive na UTI, cada momento parecia se arrastar, e eu observava as paredes brancas e frias ao meu redor, sentindo-me prisioneira do espaço reduzido daquelas quatro paredes. O relógio pendurado na parede em frente ao meu leito era meu único companheiro constante, marcando as horas que passavam lentamente. Sentia uma saudade profunda do meu quarto, da minha casa, dos meus filhos. A rotina da UTI era marcada pelo som constante de monitores e pelos murmúrios dos pacientes. Ao meu lado, havia uma senhora que chorava frequentemente, sua tristeza ecoando pelos corredores. Quando ela estava lúcida, suas palavras eram um desabafo contínuo, e eu ouvia, pedindo a Deus que a confortasse. Na madrugada, um novo paciente chegou ao leito ao lado. Era um senhor de aproximadamente 70 anos, que chegou com uma dor intensa no peito. A equipe médica fez o possível para aliviar sua dor, mas ele continuava a falar, inseguro e aterrorizado. Seu medo era palpável, e suas preces por alívio eram um grito desesperado que eu ouvia com um nó na garganta.

Cada minuto ali dentro parecia uma eternidade. O tempo, às vezes, parecia se arrastar, e eu me peguei olhando para o relógio repetidamente, contando as horas que passavam lentamente. A UTI tinha uma maneira peculiar de nos deixar expostos a nossos pensamentos mais profundos. Era como se o ambiente nos forçasse a uma introspecção dolorosa e intensa.

Eu refletia sobre minha vida, sobre minha família, sobre cada um dos meus filhos. Lembrava-me dos detalhes do cabelo de cada um, das unhas, do sorriso, dos dentes, do nariz, da boca. A UTI, em sua crueza e simplicidade, revelava a riqueza de detalhes que muitas vezes passam despercebidos no cotidiano. Era como se, naquele lugar de dor e vulnerabilidade, eu estivesse redescobrindo o valor e a preciosidade de cada momento vivido e de cada ser querido.

O pensamento se tornava uma ferramenta aguda e precisa, e eu me vi revisitando cada memória, cada sorriso, cada gesto de amor. A profundidade dessas recordações e a intensidade com que eu as vivenciava naquele espaço frio e implacável foram, paradoxalmente, um lembrete poderoso do que realmente importa na vida.

Havia algo quase sagrado naquelas horas que eu passava na UTI, um espaço onde o tempo parecia se desdobrar de maneiras inesperadas. Era um momento tão delicado e intenso que parecia resgatar todos os detalhes do passado, como se eu estivesse revivendo cada parto, cada nascimento, como se estivessem acontecendo ali, bem diante dos meus olhos.

Eu me lembrava do choro do meu primeiro filho, Nelson Ricardo, um som que ecoava como uma promessa de vida e esperança. Recordava com clareza o trabalho de parto do meu segundo filho, Antônio (Neto), aquele momento em que finalmente vi seu rosto e me senti maravilhada e assustada ao mesmo tempo. Ele nasceu com dificuldade, asfixiado pela secreção, e eu me lembro do desespero que me tomou enquanto corria com ele nos braços, tentando encontrar alívio para seu sofrimento. Esse cenário se desenrolava em minha mente como um filme em câmera lenta, intensificado pela fragilidade do momento presente.

A chegada da minha filha Erica Patrícia era uma

memória ainda mais preciosa. Foi uma transformação profunda, uma cura para mim e para minha família. Sua chegada foi um marco, uma nova fase, um milagre de renovação que trouxe consigo um sopro de esperança e alegria. E eu me via também lembrando do meu caçula, Ilton Filho, o bebê que chamou a atenção de todos no hospital. Seu tamanho e força eram impressionantes. Pesava mais de quatro quilos, e eu me divertia brincando que ele seria um futuro presidente. A fama de futuro líder político o precedia, e eu recebia visitas de pessoas que queriam ver o "futuro presidente" nascido. A cada visita, eu dizia, com um sorriso: "O futuro presidente está aqui!" Era uma graça, uma pequena piada que sempre me fazia sorrir. Hoje, ele não seguiu a política, mas é um estudante de medicina. Seu caminho mudou, mas a lembrança daquela época, das expectativas e esperanças que eu tinha, ainda permanece com uma ternura especial.

CAPÍTULO 15

De volta ao lar

Quando voltei para casa depois da cirurgia, algo notável aconteceu. Meus filhos, que sempre tinham sido tão dependentes de mim, começaram a se transformar. A responsabilidade que eu carregava sobre meus ombros começou a se dissipar. Eles, agora adultos, mudaram completamente, e eu percebi que essa dependência que antes parecia inevitável havia se transformado em uma nova dinâmica. De repente, eles me deixaram mais livre, e a relação se inverteu. Antes, eles buscavam minha opinião em tudo; agora, era eu quem buscava a deles. Eles mudaram tanto, tanto, que se tornaram um apoio constante em minha vida. Cada um deles, de alguma forma, se reinventou, e isso foi profundamente tocante.

Quando cheguei em casa, havia uma faixa grande bem na entrada, com letras grandes: "A MELHOR MÃE DO MUNDO MORA AQUI". A recuperação foi um processo diferente, um momento de redescoberta. Olhei para o meu quarto, para aquela parede e para o quintal, que parecia dançar ao som do vento. O vento batia nas telhas, criando um som que eu nunca tinha realmente notado antes, mas que naquele momento parecia um suave aceno de boas-vindas. O jardim florido, as sombras das árvores balançando, tudo estava imbuído de uma nova importância para mim. O tempo parecia ter se esticado, e eu me vi apreciando cada pequeno detalhe que antes passava despercebido.

À medida que a noite avançava, minha família começou a chegar, uma visita de cada vez. Era um fluxo controlado, mas cada visita carregava um calor e uma preocupação genuína. Minha filha estava na cozinha, ajudando com a minha dieta, uma tarefa que ela abordou com tanta dedicação, especialmente porque eu não tinha experiência em cozinhar para mim mesma. Havia uma sensação de acolhimento e cuidado, e isso me enchia de gratidão. Minha irmã Izolda Barroso, às vezes, eu brincava com ela e dizia que ela era minha "irmãe", passou uma semana ao meu lado, ajudando-me com a alimentação e a dieta. Sua presença e apoio foram inestimáveis.

Aqueles dias de recuperação foram um lembrete do

quanto a família pode ser uma fonte de força e amor. Meu irmão Casulo Ronaldo Barroso e outros familiares vieram me visitar, ofereceram suporte e me ajudaram a encontrar uma nova forma de viver, mais consciente e apreciativa das pequenas coisas da vida. A experiência foi um testemunho do poder transformador da mudança e do apoio incondicional daqueles que amamos.

Em meio à minha recuperação, a casa se encheu de uma mistura de emoções. Havia lágrimas e risos, tristeza e alegria, cada um lidando à sua maneira com o que eu havia passado. Minha família estava dividida entre a preocupação e a esperança, e eu sentia um amor profundo por todos eles, incluindo minhas sobrinhas Mariana, Ana Paula, Luciana e minha irmã gêmea Eridan Barroso, que estavam especialmente preocupadas.

O ambiente no meu trabalho virou um frenesi. A curiosidade e o cuidado dos colegas eram palpáveis; todos queriam saber notícias e como eu estava. O médico da equipe que realizou minha cirurgia, um especialista em vascular, teve seu trabalho em meu caso amplamente discutido. Ele relatava que, ao chegar para trabalhar, se deparava com uma multidão de pessoas perguntando sobre meu estado de saúde. "Você é muito famosa por aqui," ele dizia, e isso me enchia de uma força inesperada. Meu irmão, Reginaldo Barroso, que também trabalhava lá, mencionou que o mesmo acontecia com ele: "Não consigo nem trabalhar direito, tanta gente vem me perguntar sobre você".

Esses gestos de preocupação e carinho ajudaram imensamente na minha recuperação. Passei cerca de três meses em casa, e a solidariedade dos vizinhos e amigos foi um alento constante. Todos queriam me ver bem, felizes em me ajudar e me alegrar. As orações que recebi, o carinho dos que vinham me visitar, tudo isso me fez sentir extremamente amada e apoiada.

A experiência me ensinou a importância de estar presente para os outros, especialmente quando estão doentes ou em recuperação. O poder do apoio genuíno, das visitas e das palavras de carinho é imenso. Quando alguém que amamos está passando por um momento difícil, saber que está sendo cuidado e amado faz uma diferença que vai além do imaginável. É um lembrete de como o amor e a presença podem curar e confortar de maneiras que palavras não conseguem capturar completamente. Eu aprendi isso na pele e sou eternamente grata por cada gesto de carinho e cada oração.

CAPÍTULO 16

De volta ao trabalho

Chegou o grande dia de retornar ao trabalho, e eu me preparei com um entusiasmo que parecia próprio de uma festa. Passei o dia ajeitando o cabelo, escolhendo a roupa com cuidado, como se cada detalhe fosse uma celebração da minha volta. Era o meu primeiro dia de volta após a cirurgia, e a expectativa me envolvia como uma aura de nervosismo e alegria.

Os corredores do hospital estavam agora carregados de emoção. Meus filhos estavam ansiosos, imersos na preocupação de como eu estaria, e eu sentia uma insegurança constante sobre a recuperação, sobre se estava realmente pronta para esse retorno. Ao entrar no hospital, a visão do ambiente familiar me trouxe uma mistura de alívio e apreensão. A entrada parecia um portal entre o passado recente de dor e o presente de esperança. Deus foi fiel. Caminhei com a cabeça erguida, recebendo saudações e agradecimentos das minhas amigas e colegas de trabalho, cada uma delas compartilhando um pouco da minha alegria e alívio. No percurso pelos corredores, fui recebida com gritos de celebração e palavras de gratidão. "Você voltou!" "Deus seja louvado!" "Obrigada, meu Deus!" Cada expressão de carinho fazia meu coração transbordar de emoção.

Ser recebida com tanto afeto e reconhecimento fez meu retorno ainda mais especial. Essas demonstrações de carinho só reforçam a importância do respeito e da empatia que construí ao longo da minha carreira. O amor é assim – uma troca constante de cuidado e consideração. Deus também é assim, sempre presente e fiel em cada momento de necessidade.

Quando cheguei ao meu posto, quase não consegui

iniciar minhas tarefas, tão imersa estava em abraçar e saudar todos que me aguardavam ansiosamente. A chefe me chamou e, com um sorriso, disse que não precisávamos começar o trabalho imediatamente, pois alguns colegas não tinham conseguido entregar o plantão a tempo e queriam passar um tempo extra comigo. Eu estava ansiosa para reencontrar minhas companheiras e amigas, Valdecir Ferreira, Ávila Paiva, Lúcia Morais e Francelia Martins. Esse momento me fez sentir ainda mais especial, quase manhosa de tanta gratidão.

Amo minhas amigas e mantenho contato com elas até hoje. Temos um grupo de amigos aposentados do IJF e fazemos encontros anuais cheios de alegria e descontração. A amizade é um dos maiores presentes que a vida pode oferecer, e a continuidade desse vínculo faz com que cada momento de trabalho e de confraternização seja ainda mais valioso.

Continuei trabalhando por mais dois anos até me afastar para a aposentadoria, levando comigo as memórias de um retorno repleto de carinho e um sentimento profundo de gratidão por todos que estiveram ao meu lado. Quando me afastei para a aposentadoria, a ideia de ficar parada em casa sem fazer nada era insuportável. Sempre precisei sentir que estava contribuindo, produzindo algo, então decidi mergulhar em um novo mundo: a beleza. Comecei a fazer cursos, um atrás do outro. Primeiro, foi design de sobrancelhas. Em seguida, micropigmentação de sobrancelhas. Depois, extensão de cílios. O entusiasmo foi crescendo, e eu não parei por aí – fui atrás de cursos de micropigmentação labial e muito mais. Eu me preparei intensamente, sem saber exatamente onde isso me levaria, mas Deus já tinha um plano.

Montar meu primeiro estúdio foi um passo ousado. Ali, eu fazia o que amava: desenhar sobrancelhas, criar beleza. A demanda começou a crescer rapidamente, e logo as pessoas não só procuravam os procedimentos, mas também queriam aprender. Perguntavam: "Você não ensina?" Eu, então, conversei com meu filho, buscando orientação sobre como começar a dar cursos. Ele me ajudou a estruturar tudo e, de repente, minha agenda estava tão cheia que precisei contratar uma professora e um atendente para me ajudar. A empresa se multiplicou, abrindo novas salas em outros bairros, em outras cidades e, eventualmente, se tornou uma franquia em diversos estados.

O sucesso foi imenso, e eu percebi que a persistência vale a pena. Antes, meu plano era seguir na área da beleza, mas, como não consegui concretizá-lo na época, acabei migrando para a saúde, que me sustentou e permitiu criar meus filhos. Naquela época, a beleza não era uma prioridade para muitas mulheres, e homens nem se davam ao trabalho de cuidar da aparência. Com o tempo, as coisas mudaram, e o setor de beleza se expandiu de maneira surpreendente.

Criei meus filhos com o salário da área da saúde e também com a ajuda financeira do pai deles, mas, no fim das contas, realizei meu grande sonho na área da beleza. A Dabele Cursos se tornou uma realidade, e eu aprendi que ninguém deve desistir dos seus sonhos. É preciso lutar por eles, ter foco e perseverar. Como diz a passagem bíblica: "A fé sem obras é morta." É uma verdade que vivi e experimentei em cada passo dessa jornada. A vida é feita de oportunidades e desafios, e quando nos dedicamos verdadeiramente, o sucesso é inevitável.

CAPÍTULO 17

Área da beleza

Naquela época, minha filha já estava formada. Lembro com carinho que, quando ela tinha entre 14 e 16 anos, consegui, através de uma amiga, arranjar seu primeiro estágio na Secretaria da Fazenda. É uma satisfação ver como ela trilhou seu caminho com tanta dedicação.

Meu filho Ilton foi a força matriz por trás da minha nova empreitada na área da beleza. Ele também me incentivou e foi minha companhia em várias viagens, pois viajar é viver intensamente. A viagem para a Europa era o meu sonho, e contei com ele para realizar esse sonho tão antigo. Meu caçula se tornou o pilar da nossa empresa, afinal, sua primeira formação foi em publicidade. Ele manteve tudo em ordem, representando e administrando com uma competência admirável. Meu filho Nelson Ricardo, por sua vez, formou-se em Administração de Empresas e hoje trabalha em uma multinacional, casado com Valdiléia Leitão. Já meu filho Antônio Barroso é um empresário bem-sucedido no ramo automobilístico, e sua empresa é bem administrada por ele e pela minha nora Edilane Leitão.

Mesmo com todas essas realizações, minha vida não foi isenta de desafios. A pandemia trouxe uma tristeza profunda para mim. No início, perdi minha irmã Isolda Barroso, e isso me deixou devastada. Antes dela, já havia perdido dois irmãos. A morte dela foi inesperada e cruel, uma doença que a levou rapidamente. A dor foi imensa, e, mesmo trabalhando incessantemente, fiquei confinada em casa, trabalhando apenas online.

Sempre fui apaixonada pelo ensino, e durante essa fase, continuei a ministrar aulas, mesmo que à distância. A sala de aula é meu lugar de conforto, onde posso compartilhar meu conhecimento e paixão com minhas alunas e colegas. A minha empresa tem um foco claro: tirar mulheres da zona de conforto. Sempre digo, com convicção, que nunca se deve subestimar a capacidade de uma mulher.

Eu ouvi histórias emocionantes de mulheres – histórias de sofrimento, conquistas e superação. Mulheres empoderadas, resilientes, e também aquelas que foram submissas, todas compartilharam suas histórias comigo.

Chorei com elas, ri com elas, e o que mais me tocava era vê-las sair de cada encontro com um sorriso, renovadas e esperançosas. Isso é o que me motiva a continuar, a lutar por cada uma delas e a fazer a diferença em suas vidas. Hoje, meu trabalho é mais leve. Quando vou para o escritório, levo meu neto Artur comigo. Ele cresce e caminha ao meu lado, acompanhando-me nas viagens e aventuras com minhas amigas. Artur é uma alegria constante em minha vida, meu primeiro neto. Meu segundo neto, Nicolas, é um garoto inteligente que enche de orgulho, e agora o meu terceiro neto, Lucas, me deixa maravilhada com seu amor e carinho acolhedor. Sou uma avó atípica dessa figurinha que eu amo tanto.

Tenho três netas: Maria Alice, que é uma menina linda e muito parecida com a vovó Neide (sou eu), às vezes alegre, às vezes calma, às vezes pensativa, sempre interativa e inteligente. Agora vou descrever um pouco a Maria Isabela: linda, sensível e inteligente. Agora chegou a vez da Maria Estela: linda, meu grude, alegre, inteligente e cativante. Minhas estrelas. Cada uma delas é única e linda à sua maneira, e eu sinto o amor que elas têm por mim. Apesar de não estar com elas o tempo todo, aproveito ao máximo os finais de semana que passamos juntas, e cada momento é precioso para mim.

Minhas noras, Valdiléia Leitão e Edilane Leitão, são parte fundamental da vida dos meus filhos. Elas convivem com eles diariamente e trazem tanto amor e apoio à nossa família. Minha felicidade hoje vem da família, do lazer e da oportunidade de continuar trabalhando e motivando outras pessoas. Estar em sala de aula, levantar a moral da turma, ouvir as histórias e desafios de cada uma delas me dá uma satisfação profunda. É isso que me faz sentir que a vida é mais suave, que tudo faz sentido e que cada dia é uma nova chance de encontrar alegria e propósito.

CAPÍTULO 18

Memórias

Às vezes, me pego chorando ao recordar minha infância e adolescência, tempos que não foram fáceis, como não são para muitos. A vida me desafiou com situações que, agora, ao olhar para trás, vejo como comédias tristes, mas que, de alguma forma, me ajudaram a superar inúmeras dificuldades.

Lembro-me do meu primeiro flerte, como chamávamos na época. Ele chegou à casa da minha mãe com a intenção de me conhecer melhor. Ao encontrá-la, disse: "Dona Maria, quero falar com a Erineide." Ela olhou para ele e, com uma expressão nada encorajadora, respondeu: "O que você quer com a Erineide? Ela estuda e trabalha, e você é só um rapaz tão novinho. Não posso aceitar isso." O rapaz foi embora, abatido, e nunca mais olhou na minha cara. A tristeza dele era palpável, mas, para mim, tudo passou rapidamente. Naquela época, não havia espaço para dramas prolongados; a tristeza vinha e ia.

Na escola Sales Campos, enfrentava o que hoje chamamos de bullying. Meu cabelo, seco e volumoso, era motivo de zombarias. Me chamavam de "sarará", um termo que eu nem entendia muito bem, mas que, para mim, era um elogio disfarçado. As meninas, minhas amigas, frequentemente vinham me dizer: "Erineide, estão te chamando de sarará!" Eu, na minha inocência, não me importava muito. Aprendi a rir disso e a seguir em frente, absorvendo o que era necessário.

Essas experiências, dolorosas na época, moldaram quem sou hoje. Cada lágrima derramada, cada comentário sarcástico, ajudou-me a crescer e a encontrar forças para superar os desafios da vida. O tempo pode ter passado, mas as memórias e as lições permanecem, transformando o sofrimento em algo que hoje reconheço como parte essencial da minha jornada.

Nunca me dei ao trabalho de me importar com os apelidos que me davam no colégio. Eu não sabia que era bullying; naqueles tempos, era uma brincadeira simples, quase inocente. A vida seguia, e os problemas eram resolvidos na escola, com uma briga aqui e ali, como meu pai costumava dizer, "no cascudo."

Às vezes, quando estou em um momento de introspecção, todas essas memórias retornam com uma clareza quase dolorosa. Eu me vejo entrando na escola Sales Campos, onde as carteiras eram emendadas às cadeiras, e meu livro se escondia nas dobras do móvel improvisado. Uma vez, enquanto tentava me acomodar, uma colega puxou a cadeira e eu caí no chão, com a mesa e a cadeira se movendo como um só. Todos riram de mim, e eu me levantei, com lágrimas escorrendo, até que o choro passou.

Mas o que me amparava era a presença constante da minha irmã gêmea, Eridan, minha defensora incansável. Se alguém ousasse se meter comigo, sabia que teria que enfrentar minha irmã. Ela sempre estava ali, pronta para me proteger e, mais importante, para me mostrar que eu não estava sozinha. Eu amo essa minha irmã com todo o meu coração. Ela sempre foi minha rocha, e nosso vínculo é algo que carrego com imensa gratidão e amor.

Relembrar esses momentos traz uma doçura especial. A festa de aniversário dos meus 32 anos foi uma daquelas celebrações que ficam gravadas na memória com um brilho eterno. Naquela época, meus filhos mais velhos ainda eram pré-adolescentes, e a presença deles na festa era uma alegria contagiante. Eu organizava as festas no fundo do quintal, onde colocava um tecladista para tocar, e convidava toda a vizinhança e a família. Minha casa ficava cheia de vida, risos e calor humano.

Sempre fui apaixonada por comemorar aniversário. Para mim, a data do nascimento é a mais importante, um verdadeiro marco que merece ser celebrado. Se a vida nos dá condições, devemos festejar, porque é um dia de imensa importância e especialidade. Cada aniversário se transforma em uma noite memorável, repleta de histórias e momentos únicos.

Na festa dos meus 32 anos, havia uma cena particularmente memorável: meu filho caçula, Ilton, ainda estava no peito. Ele mamou por três anos e meio, e muitas vezes, enquanto eu recebia os convidados, tinha que correr para o quarto para amamentá-lo. Era uma cena tocante e ao mesmo tempo cômica. Esses momentos eram parte do cotidiano que tornavam cada celebração ainda mais especial.

Reviver essas memórias é reconfortante. Relembrar e viver esses momentos preciosos faz bem ao coração, trazendo de volta a alegria e a simplicidade que marcam a nossa história.

CAPÍTULO 19

Que saudade da aurora da minha vida

Às vezes, me pego mergulhada em lembranças dos meus 15, 16, 17 anos. Ah, a adolescência—uma fase de felicidade efêmera que passou num piscar de olhos. Eu andava seis quarteirões para chegar ao trabalho, um trajeto que compartilhava com as amigas, muitas vezes cantando e trocando histórias, como se o tempo fosse um aliado generoso.

Os dias passavam rápidos, mesmo com a carga pesada de trabalho e o compromisso com a escola. Mas nada disso parecia um fardo; ao contrário, era uma época de alegria. Chegava ao trabalho cansada, mas o cansaço era doce, como se cada esforço valesse a pena.

Havia dias em que a chuva caía sem parar e, ao sair de casa, sem um guarda-chuva para me proteger, eu me entregava à tempestade. Naquele tempo, a ideia de usar guarda-chuva parecia um despropósito; a diversão estava em se molhar, em sentir a chuva correr pelo rosto. Minhas roupas de trabalho eram cuidadosamente guardadas em sacos plásticos, amarradas com um nó, como minha mãe me ensinara. Ela sempre cuidava de nossas roupas com tanto zelo, e eu me preparava para o dia, vestida de short e camiseta.

Chegava ao banheiro da empresa completamente encharcada, tomava um banho rápido e saía como se tivesse acabado de sair de casa—uma visão renovada e impecável. Enquanto todos ao meu redor pareciam resfriados e desconfortáveis, eu desfilava com meu batom, a única maquiagem que usava, sentindo-me radiante e feliz.

A rotina de ir trabalhar andando por cima dos trilhos, onde passavam os trens suburbanos, próximos à igreja dos Navegantes, era um prazer genuíno. Trabalhava na Filomeno Gomes, começava às 7h da manhã, e a rotina matinal era gratificante. Meus irmãos seguiam o mesmo caminho; todos nós começamos a trabalhar cedo. Eu com 14, minha irmã com 13, e assim por diante. Era uma tradição na família, mas a felicidade estava presente, mesmo sem a gente perceber.

Fecho os olhos e deixo a mente vagar até aqueles trilhos, o som das buzinas misturado com o canto alegre de seu Luiz na mercearia. "Bom dia, Erineide," ele dizia, sempre com um sorriso. E dona Violeta, que acordava cantando "Alô, bom dia," distribuía alegria como se fosse a sua missão. Essas memórias são como uma canção de ninar para a alma, recordações que aquecem o coração e fazem o tempo parecer mais gentil.

Entre os meus 25 e 50 anos, vivi intensamente. Chorei, sorri e me entreguei a cada momento com uma paixão quase desmedida. Me diverti com a minha família, com a minha mãe, meu marido, meus filhos, meus irmãos, meus amigos e meu trabalho—em suma, com a vida em toda a sua plenitude. Cada dia era vivido como se fosse o último, e isso me permitiu aproveitar cada instante com uma intensidade quase palpável.

Cuidei da minha mãe, das minhas irmãs e da minha família com um zelo que parecia ser o cerne da minha existência. Como avó, quando meus netos chegam, é o momento deles. Eu me dedico a cada um deles, e isso me faz sentir uma alegria indescritível.

Às vezes, fico pensando em como meus filhos falarão de mim para meus netos quando eu não estiver mais aqui. Será que eles conseguirão transmitir a profundidade da minha intensidade, a maneira como vivi cada dia como se fosse o último? Não será fácil. Eu tenho certeza disso. A minha presença era marcada por uma intensidade que envolvia tudo o que fazia. Eles conviveram comigo de maneira tão próxima, participando de cada parte da minha vida, que a ideia de eu não estar mais aqui parece um desafio quase insuperável para eles.

Hoje, meu neto Arthur, que está na adolescência, tem 17 anos. Ele cresceu quase como um filho para mim. Costumo brincar dizendo que ele é mais como um filho do que um neto. Ele é meu primeiro neto, e essa relação é profundamente especial. No entanto, agora, como um adolescente namorador, ele está mais distante. Ele passa vários dias sem ligar para mim, isso mesmo, não liga para a avó, e eu, por não querer ser uma presença insistente, evito forçar o contato. Às vezes, brinco dizendo que lutei tanto para que meus filhos se tornassem independentes, que agora, ver meu neto seguir seu próprio caminho é um prêmio inesperado.

Gosto de visitar meus filhos e passar finais de semana na casa de praia. A praia é o lugar onde encontro um refúgio, onde passo tempo com minhas netas, Maria Alice e Maria Isabela, filhas do meu filho Antônio com sua esposa Edilane. Esses momentos são preciosos, como se a casa de praia fosse um santuário, onde a simplicidade da vida se revela em sua forma mais pura.

Assim, mesmo que meus netos sigam seus próprios

caminhos, as memórias desses momentos, a alegria de estar com eles e a intensidade com que vivi cada dia permanecem como um legado de amor e dedicação. O Lucas tem uma síndrome que o faz único para mim e para toda a nossa família. Lucas é meu bebezão, meu amor profundo. Ele passa alguns finais de semana comigo, e esses momentos são repletos de alegria e diversão. Cada risada e brincadeira com ele são preciosas, e eu me sinto completa ao tê-lo por perto.

No entanto, sinto saudade das minhas netas, Maria Alice e Maria Isabela. Elas nunca passaram um final de semana na minha casa, e isso às vezes me deixa triste. Eu sei que a mãe, minha nora, é bastante dedicada. Ela não se sente segura para deixar as meninas passarem um final de semana longe dela. É uma situação compreensível, embora dolorosa para mim.

Quando a saudade aperta, eu sempre me organizo para passarmos finais de semana juntas, na praia, que é tudo de bom. Tento aproveitar ao máximo esses momentos, mesmo que elas nunca tenham passado um fim de semana completo aqui em casa. Espero que, com o tempo, as coisas mudem e elas possam vir passar mais tempo comigo.

Sonho com o dia em que, na adolescência delas, eu ainda esteja aqui para compartilhar esses momentos especiais. Enquanto isso, quando estou com elas, aproveito cada segundo, brinco, me divirto e me encho de gratidão por ter essas experiências maravilhosas. Mesmo que não seja rotineiro, valorizo cada instante que posso passar com minhas netas, esperando que o futuro traga mais oportunidades para estarmos juntas.

CAPÍTULO 20

Tempo de ser feliz

Depois dos meus 60 anos, descobri uma nova forma de me divertir. Comecei a me dar ao luxo de ir ao cinema sozinha. Compro meu ingresso, até dou umas paqueradas (risos), peço uma pipoca e me instalo no meu assento. Às vezes encontro amigas com seus maridos e elas me perguntam por que estou sozinha. Eu apenas sorrio e digo que não estou sozinha; o cinema está lotado de gente, e cada rosto, cada risada, me lembra de como o mundo está cheio de vida.

Às vezes, pego minha bolsa e a toalha e vou à praia sozinha, sem que meus filhos saibam. Sem pressa, me perco na tranquilidade do mar e na simplicidade de estar ali. Vou ao shopping, me perco na praça de alimentação, saboreio uma refeição e descubro que minha vida é ótima. Aprendi a apreciar minha própria companhia e a valorizar cada momento.

Eu me acostumei a estar comigo mesma e descobri que nunca estou realmente sozinha. Sempre que me sinto em companhia da minha própria presença, não há espaço para tristeza. Digo frequentemente que a primeira lição é aprender a se amar.

Na praia, encontro uma paz profunda. Observo os pássaros, sinto o vento acariciando meus cabelos e me encanto com a beleza dos pescadores voltando da pesca. Cada detalhe me fascina, desde as pedrinhas coloridas na areia até a brisa do mar que parece conversar com minha alma. O pôr do sol é uma terapia para mim; ele acalma e revigora.

Peço a Deus que me permita muitas mais experiências como essas, para que eu possa continuar a absorver a beleza da natureza, tanto dentro quanto fora de mim. Recentemente, viajei para participar da cerimônia do jaleco do meu filho, que está estudando medicina. Foi uma experiência tão emocionante que é difícil colocar em palavras tudo o que vivi. A cerimônia foi simplesmente deslumbrante, repleta de beleza e significado.

Eu fui acompanhada pela minha nora, Edilane Leitão, e pelo meu filho, Antônio. Todos nós estávamos lá para celebrar o Ilton Filho, que estava prestes a receber o seu jaleco. O pai dele, Ilton Leitão, também estava presente. A cerimônia foi carregada de emoção. Assistimos ao momento em que os alunos fazem o juramento, e eu conheci os amigos do meu filho e seus pais, que eu ainda não conhecia.

Quando chegou o momento de subir ao palco para colocar o jaleco, meu coração estava prestes a explodir de tanta alegria. Eu estava tão emocionada que não conseguia conter as lágrimas. As palavras me faltavam, minha boca estava seca, e eu me sentia completamente tomada pelo sentimento de orgulho e felicidade.

Depois da cerimônia, fomos jantar para comemorar. O evento reuniu várias pessoas, uma multidão que refletia a importância e a grandiosidade do momento. Ilton estava nervoso e um pouco trêmulo, e eu, com a emoção à flor da pele, sentia que não havia como expressar tudo o que estava passando dentro de mim. Agradeço a Deus por ter podido estar ali, por ter vivido aquele momento tão especial. Meu coração transbordava de felicidade, e o irmão dele também estava profundamente emocionado. Infelizmente, o número de convidados foi limitado, então nem todos puderam estar presentes, mas esperamos que na formatura haja mais espaço para que todos possam participar dessa celebração. Agora, me preparo psicologicamente para enfrentar mais uma etapa, que será a formatura, se Deus quiser. Estou ansiosa e esperançosa. Tenho tanto a agradecer e, acima de tudo, sou grata a Deus por tudo o que vivemos até aqui. Obrigada, Deus. Muito obrigada.

.

CAPÍTULO 21

Pontes

A vida tem sido um turbilhão de desafios e superações para mim. Cada dia que passa, cada ano que se acumula, é como um capítulo intenso e repleto de lições. Passei por muitos procedimentos cirúrgicos, enfrentei problemas de saúde e batalhei com questões conjugais que nunca foram fáceis. As dificuldades nos relacionamentos e a complexidade da vida conjugal deixaram marcas profundas.

Em dezembro de 2022, fui ao médico com um misto de apreensão e esperança. Havia um desconforto persistente, e os exames revelaram o que eu temia: pedras na vesícula. Essas pedras haviam se formado ao longo do tempo, e eu vinha lidando com pequenas crises que, embora leves, eram constantes. O ultrassom mostrava cálculos grandes, e a recomendação era clara: eu precisava de uma cirurgia.

A notícia me deixou apreensiva. Eu já tinha um histórico cardíaco – três pontes de safena feitas há mais de uma década. A perspectiva de mais uma cirurgia me assustava. O médico solicitou uma avaliação cardiológica, e eu marquei uma consulta com meu cardiologista para obter a autorização necessária. Quando finalmente a consulta chegou, o cardiologista confirmou que o procedimento era necessário, mas também revelou que eu precisava realizar um novo cateterismo. Isso foi um choque, porque eu só havia feito um cateterismo quando fiz a cirurgia cardíaca e, desde então, estava apenas realizando exames regulares.

No dia 25 de dezembro de 2022, me internei para o procedimento. A sensação era semelhante àquela que senti quando me preparei para minha cirurgia cardíaca anos atrás – um misto de medo e expectativa. Meu coração estava apertado, e a ansiedade de me despedir dos meus filhos novamente era esmagadora. A internação trouxe de volta memórias e sensações que conhecia bem, e eu estava confusa, perdida entre pensamentos e sentimentos. Os resultados dos exames foram um balde de água fria. Descobri que a ponte mamária, a mais segura e durável, não estava funcionando desde a cirurgia de 2011. Eu fiquei arrasada. Perguntei ao médico como isso poderia ter acontecido, e ele explicou que uma das safenas estava funcionando, mas a mamária não. Isso me deixou questionando a durabilidade das soluções que eu havia recebido e me fazendo pensar sobre o tempo que eu ainda teria pela frente.

Pedi a Deus que as outras pontes continuassem funcionando bem e que o tempo me permitisse realizar meus sonhos e buscar a felicidade. Esse desejo de viver intensamente, apesar das adversidades, me dá força para enfrentar cada desafio. Quero aproveitar cada momento, realizar meus sonhos e, acima de tudo, ser feliz, apesar das provações e da incerteza que a vida pode trazer.

Quando o médico saiu do consultório, eu fiquei ali, sozinha, tentando processar o que acabara de ouvir. A vida nos prega essas surpresas, não é? Às vezes, você está lidando com uma situação sem imaginar a profundidade dos resultados que vêm pela frente. Eu estava vivendo um momento desses, onde a tranquilidade foi abruptamente substituída pela incerteza. O diagnóstico havia sido um choque, e eu sabia que precisava enfrentar a cirurgia de vesícula.

O medo era palpável. A ideia de me submeter a uma

cirurgia, com anestesia geral e tudo o mais, me deixava apavorada. A anestesia é um convite ao desconhecido, e a perspectiva de ficar fora de mim, entregue a alguém, era uma ideia assustadora. Mas eu não podia permitir que o medo me paralisasse. Orei, pedi a Deus que tudo corresse bem e que eu encontrasse força para seguir em frente. Era um risco que eu tinha que assumir, pois adiar poderia levar a complicações mais graves, como uma pancreatite. A urgência me forçava a agir.

Decidi enfrentar de frente, não apenas a cirurgia da vesícula, mas também outras intervenções necessárias. Eu sabia que precisava ser proativa e não deixar nada para depois. Marquei a cirurgia da vesícula e, enquanto aguardava, refletia sobre a necessidade de enfrentar outros procedimentos, como a cirurgia de catarata. Por que esperar mais? O medo não me impediria.

Havia um dilema: minha amiga me perguntava como eu conseguia enfrentar isso com tanta determinação. Afinal, não era fácil lidar com tudo isso sem se deixar abater. Mas eu estava resoluta. O médico havia dado a autorização e assegurado que meu coração aguentaria a anestesia. Era agora ou nunca.

A cirurgia da vesícula ocorreu, e, surpreendentemente, a recuperação foi maravilhosa. Eu estava aliviada e animada para enfrentar o próximo desafio. Segui para a cirurgia de catarata com sedação e, novamente, tudo correu bem. Meu coração estava mais leve e minha mente, tranquila.

Os dias passaram e, ao fim de 45 dias, estava pronta para a segunda cirurgia ocular. Cada etapa foi uma conquista. Não podemos nos deixar abater pela antecipação de problemas. Manter a fé e a força é crucial. Deus me deu a capacidade de enfrentar cada desafio e eu aprendi a não subestimar o poder da minha própria resiliência.

Nós, mulheres, temos uma força inabalável. Às vezes, é difícil aceitar o rótulo de guerreira, porque isso nos faz parecer cansadas e lutadoras incessantes. Eu prefiro ser vitoriosa. Quero olhar para trás e ver não apenas a luta, mas a vitória, a conquista de ter enfrentado e superado. Afinal, a vida é feita de momentos como esse – desafios enfrentados com coragem e fé. E eu continuo caminhando, com a certeza de que cada dia é uma nova oportunidade para triunfar.

CAPÍTULO 22

Meu caminho a cada manhã

Nunca fui fã de trabalhos domésticos. Admiro quem tem gosto por realizá-los, mas, para mim, sempre foi um peso. Preferia estar fazendo algo que me envolvesse por completo. Tentando encontrar uma solução, cheguei a abrir um pequeno comércio em casa. Era uma lojinha chamada Érica Boutique, em homenagem à minha filha. No entanto, essa decisão apenas tornou minha vida mais complicada.

Lidar com quatro filhos pequenos enquanto gerenciava o comércio e mantinha a casa foi um verdadeiro desafio. A ideia de empreender em casa parecia promissora, mas a realidade foi bem diferente. As crianças estavam sempre exigindo atenção, eram um turbilhão constante. Encontrar alguém para cuidar delas era praticamente impossível, especialmente porque, no início, eram três e, depois, quatro. Ninguém queria trabalhar em uma casa tão agitada e com uma mãe ocupada.

Trabalhar em casa foi mais difícil do que eu

imaginava. Entre as vendas e a gestão do lar, eu mal tinha tempo para cuidar de mim mesma. Meu visual estava completamente negligenciado; o cabelo estava sempre desgrenhado e as roupas, improvisadas. Enquanto eu lutava para manter tudo em ordem, meu marido seguia sua vida mundana, saindo e se divertindo como se nada tivesse mudado. Eu ficava em casa, com as crianças, sem tempo para mim.

A distância entre nós se tornou cada vez mais evidente. Ele parecia viver em um universo paralelo; no início do casamento, tudo era bem melhor. Passaram-se os anos e as responsabilidades familiares não eram mais uma preocupação para ele. Eu, por outro lado, estava imersa nas demandas da vida cotidiana, tentando dar conta de tudo sozinha. Tentava manter a aparência de que tudo estava bem, mesmo quando era evidente que estava exausta e desmotivada.

Às vezes, para escapar dessa rotina, fazia um esforço para sair com ele. Mesmo quando não era convidada, eu insistia em acompanhá-lo, muitas vezes deixando as crianças com alguém de confiança, apenas para estar presente em eventos sociais. Sentia-me deslocada entre as mulheres bem vestidas e cuidadas, me comparando com elas e me sentindo envergonhada por não ter tempo para cuidar de mim. O contraste entre minha aparência descuidada e as roupas elegantes das outras mulheres acentuava ainda mais meu desconforto.

Quando havia alguma comemoração em família, eu pedia ao meu marido para trazer uma roupa para mim. Ele sempre prometia, mas muitas vezes a realidade era diferente do que eu esperava. Ele chegava com algo que não era bem o que eu tinha em mente, e eu acabava me sentindo ainda mais inadequada. Era como se minha vida estivesse em uma constante luta entre a necessidade de estar presente e o desejo de encontrar um pouco de dignidade em meio ao caos.

Era um ciclo desgastante, onde minha identidade estava se desintegrando sob o peso das responsabilidades. Eu tentava encontrar alguma forma de resgatar um pouco de mim mesma, mas, frequentemente, parecia uma batalha perdida. No fim, a sensação era de estar sempre em segundo plano, enquanto as demandas do dia a dia, a falta de apoio e a indiferença ao meu bem-estar pessoal me deixavam cada vez mais distante do que eu havia sonhado.

Toda vez que a minha família chegava com uma roupa para mim, eu me apressava para ver o que ele havia escolhido. Era uma sensação estranha vestir algo que não tinha sido escolhido por mim, algo que ele havia comprado sem se importar muito com meus gostos. Mesmo assim, eu usava o que ele trouxera, sem grandes reclamações. Levava os quatro filhos comigo, todos arrumados e bonitos, porque a avó Fransquinha, minha sogra, sempre se encarregava de comprar as roupas para os meninos. Ela era incansável em sua dedicação e, a cada evento, garantia que os meninos estivessem impecáveis. Eles eram verdadeiramente adoráveis, e isso se devia ao amor genuíno que ela sentia por eles. Ela fazia tudo por eles com um carinho que eu apreciava profundamente. Minha sogra era uma mulher à frente de seu tempo, uma verdadeira força da natureza. Com ela, aprendi lições que marcaram minha vida de maneira profunda. Ela me ensinou a buscar minha independência financeira. Apesar das indiferenças, ela manteve-se ao lado do meu sogro até o fim de sua vida, sempre com um sorriso no rosto e uma generosidade que parecia não ter limites. Ela era uma mulher de coração enorme, uma presença calorosa que iluminava qualquer ambiente. Foi um privilégio ter uma sogra como ela, alguém cuja bondade e força de espírito influenciaram minha vida de maneiras que eu nunca poderia expressar completamente. Ter alguém assim ao meu lado foi uma bênção que eu valorizo profundamente. Francisca Adelina Leitão, esse nome eu guardo dentro do meu coração.

CAPÍTULO 23

Lembranças

Lembro com clareza de um segredo da minha infância, algo que poucos conhecem. Quando eu tinha cerca de nove ou dez anos, era responsável por lavar a louça em casa. Era uma montanha interminável de pratos e panelas. Minha mãe costumava me chamar e, sem alternativas, eu me dirigia à pia. Muitas vezes, era minha irmã mais velha, Valderiza, quem ordenava que eu lavasse a louça. Ela era uma mulher fina, estudiosa e autoritária, e a responsabilidade de cuidar dos irmãos mais novos estava frequentemente sobre seus ombros. Quando ela me dava ordens, eu tremia só de pensar na pilha de louças à minha frente. Chorava enquanto lavava e, muitas vezes, era puxada pelo cabelo e apanhava, o que só fazia aumentar a minha dor e frustração.

No meu primeiro emprego, eu fazia o trabalho de um adulto, mas ganhava apenas metade do salário. Todo o dinheiro que eu recebia era entregue à minha mãe para ajudar com as despesas da casa. Trabalhar fora me parecia uma forma de escapar das tarefas domésticas que tanto me maltratavam.

Às vezes, quando tinha que lavar a louça, adotava uma atitude estranha: batia com força nas louças, como se o ato de limpar fosse um castigo. Quando chegava à pia, eu usava uma esponja com tanta força que cortava minhas mãos, sangrando e chorando enquanto tentava terminar a tarefa. Lembro-me de uma amiga no caminho da escola, Jandira, que também foi minha madrinha de casamento, ajudando-me com curativos quando eu chegava com as mãos cortadas. Muitas vezes, eu ia para a escola incapaz de escrever, e minhas colegas precisavam fazer isso por mim.

Essas lembranças se tornaram uma espécie de trauma. Mesmo hoje, quando tenho que lavar alguma louça, as lágrimas vêm. É como se, ao encarar a pia, eu ainda estivesse vivendo aquele sofrimento da infância. Uma tarefa simples para muitos se transforma em um tormento para mim. É uma dor que eu não desejo a ninguém. O que para alguns pode ser um prazer ou uma forma de relaxar, para mim é uma batalha constante.

CAPÍTULO 24

Planos

Ainda na adolescência, antes do casamento, eu já calculava ter todos os meus filhos na mesma década, e, surpreendentemente, tudo deu certo. Na década de 80, em 1985, mudamos para um bairro em Fortaleza. Compramos uma casa lá e me estabeleci com os meninos pequenos. O mais novo nasceu já morando no novo lar. Criamos nossos filhos no conjunto residencial Veneza Tropical, onde viveram toda a infância. Esse bairro, com seus vizinhos marcantes, fazia parte da associação de moradores. Eu era diretora social por 10 anos na associação do bairro, e esse cargo deixou uma marca profunda na minha história.

Lembro com carinho de figuras como seu Valdecir, do mercadinho; seu Hermínio, da ótica; e Maria, esposa do seu Paulo. Essas pessoas, direta ou indiretamente, ajudaram muito. Dona Graça e minha amiga Eliomar também foram partes importantes dessa fase da vida. A vida no bairro era marcada por uma proximidade que parecia quase familiar. As pessoas se ajudavam, e as interações tinham um calor humano reconfortante. Na época, minha mãe, Dona Estela, e meu irmão, Reginaldo Barroso, eram pilares.

Acredito que o empoderamento feminino vai além do que muitos imaginam. Não se trata apenas de feminismo, mas da importância do nosso papel na construção de um mundo melhor. Deus nos abençoa e nos dá a responsabilidade de fazer a diferença. É assim que, mesmo enfrentando dificuldades, podemos encontrar significado e propósito em nossas ações.

CAPÍTULO 25

Conclusão

Em 2020, a COVID-19 chegou, trazendo consigo um período de isolamento social e desafios imensos. A pandemia foi uma prova de resistência, e a dificuldade foi tão grande que parecia insuperável. No entanto, a força, a esperança e, acima de tudo, a coragem nos ajudou a superar aqueles tempos. Aprendi a não me conformar com as dificuldades e obstáculos que a vida impõe.

No início da pandemia, ninguém sabia quando aquilo ia terminar. Era um sofrimento sem perspectiva de fim. Eu passava os dias em casa, já afastada do meu trabalho e aposentada. No meu isolamento, comecei a receber incessantes ligações de pessoas desesperadas, buscando maneiras de contatar seus familiares internados e isolados. A situação era devastadora: muitos não conseguiram ver seus entes queridos antes de partir, e isso era profundamente triste.

Decidi fazer o possível para ajudar. Meu conhecimento e facilidade em comunicação no ambiente hospitalar foram cruciais. Eu organizava chamadas de vídeo entre pacientes e suas famílias, falava com enfermeiros, médicos e outros responsáveis para facilitar esses momentos de conexão. Era um trabalho que realizava com dedicação no meu cantinho, enquanto eu também estava isolada. Tentava sempre garantir que cada encontro acontecesse, que cada mensagem fosse transmitida.

Meus esforços incluíam orientar as famílias sobre como solicitar leitos de UTI e auxiliar com a documentação necessária. Ligava para outras autoridades para agilizar processos, sempre buscando oferecer um mínimo de conforto tanto para os pacientes quanto para seus familiares.

Embora houvesse uma sensação de impotência diante das perdas, a gratidão das pessoas era imensa. Muitas vezes, ao encontrar alguém no supermercado, recebia agradecimentos emocionados. Aqueles agradecimentos me lembravam que, mesmo em meio ao caos, nosso esforço tinha um impacto real, mesmo que eu mal me lembre de cada detalhe.

A perda foi inevitável e dolorosa; muitas vidas foram

interrompidas precocemente, mas, mesmo assim, lutar para proporcionar um pouco de conforto e humanidade no meio do desespero fez toda a diferença. Eu me agarrei a essa missão como um propósito, uma maneira de enfrentar o medo e a incerteza com esperança e determinação.

Tornar-me responsável por cuidar do pai e começar a trabalhar com apenas quatorze anos moldou minha adolescência e contribuiu para o desenvolvimento de habilidades importantes, como empatia e responsabilidade. O compromisso com a família, casar aos 18 anos e criar quatro filhos é uma grande responsabilidade. Esses desafios me ensinaram a equilibrar responsabilidades familiares, trabalho e estudo. Sempre procurei demonstrar minha capacidade de enfrentar desafios e alcançar objetivos, independentemente das circunstâncias. Assumir uma nova profissão em uma nova fase da minha vida mostra que é possível reiniciar e explorar novas oportunidades. Isso indica que, sempre com fé em Deus e atitude, devemos trabalhar nossa capacidade de adaptação e inovação. Na vida, devemos ser exemplos de força e perseverança.

Ao passar por todos esses altos e baixos, aprendi

também que devemos interpretar eventos significativos na vida. A cultura contribui para a formação da identidade pessoal e coletiva: aspectos como etnia, religião, língua e tradições culturais aguardam para definir quem somos e como nos relacionamos com os outros.

Minha vida se tornou um exercício de viver um dia de cada vez, apreciando cada pequeno avanço e enfrentando cada desafio com coragem.

FIM

Made in the USA
Columbia, SC
21 October 2024

44822198R00069